职业教育"互联网+"新形态教材
职业教育"纸数融合产权融通"系列创新教材

计算机网络基础

主　编　赵晓君　刘俞辛
副主编　廖子泉　杨　樱　韦忠坚
参　编　梁振奇　李　扬　黎佳欣
　　　　周丽晶　罗悦瑛

本书以职业岗位的"典型工作过程"为导向，将教学内容与职业能力相对接、单元项目与工作任务相对接，主要介绍计算机网络的相关知识，包括网络地址的规划、拓扑结构的绘制、网络的测试、网络的故障排除、常见服务器的安装、网络安全等，并以典型应用项目为载体，将上述内容融入其中进行技能操练，采用"项目引领、任务驱动"的模式，以行动导向教学法的实施步骤编排各任务，有利于循序渐进地学习与实践。

本书可作为职业院校计算机网络技术专业、计算机应用专业等相关专业的教学用书，也可作为从事计算机网络技术人员和管理人员的自学参考书。

本书配有电子课件等资源，选用本书作为授课教材的教师可以从机械工业出版社教育服务网（www.cmpedu.com）免费注册后进行下载，或联系编辑（010-88379807）咨询。

图书在版编目（CIP）数据

计算机网络基础 / 赵晓君，刘俞辛主编. -- 北京：机械工业出版社，2025.7. --（职业教育"互联网+"新形态教材）. -- ISBN 978-7-111-78956-7

Ⅰ. TP393

中国国家版本馆CIP数据核字第2025KT7633号

机械工业出版社（北京市百万庄大街22号　邮政编码100037）
策划编辑：张星瑶　　　　　责任编辑：张星瑶
责任校对：樊钟英　刘雅娜　　封面设计：马若濛
责任印制：单爱军
中煤（北京）印务有限公司印刷
2025年9月第1版第1次印刷
184mm×260mm・12.5印张・234千字
标准书号：ISBN 978-7-111-78956-7
定价：54.00元

电话服务　　　　　　　　　网络服务
客服电话：010-88361066　　机　工　官　网：www.cmpbook.com
　　　　　010-88379833　　机　工　官　博：weibo.com/cmp1952
　　　　　010-68326294　　金　书　网：www.golden-book.com
封底无防伪标均为盗版　　机工教育服务网：www.cmpedu.com

前　言

随着计算机及网络技术的迅速发展，计算机网络已经渗透到各行各业，并改变着人们的生产和生活方式。在计算机网络化的今天，学习和掌握网络技术至关重要。为了适应职业教育的发展，满足职业院校计算机网络基础教学的需求，以基础性和实践性为重点，编者编写了本书。

本书以项目为导向，以任务为驱动，任务下根据知识特点又设有小组讨论和个人活动，结构为"任务描述—任务分析—任务目标—任务布置—任务实施—知识储备"，将相关的知识融入任务中，通过完成任务掌握相应的知识和技能。本书以典型工作项目为载体来帮助读者更好地学习计算机网络基础、双机对等网络的组建、小型局域网和中型局域网的组建与故障排除、服务器的安装与配置和网络安全等知识技能。

本书共6个项目，项目安排从初学者的学习基础和认知特点出发，从简单到复杂，由单一到综合，循序渐进、梯度分明。本书建议课程的教学总学时为72学时，学时安排如下：

项目	总学时	理论学时	实操学时
项目1　探索计算机网络	16	6	10
项目2　组建双机对等网络	8	4	4
项目3　组建小型局域网	12	4	8
项目4　组建中型局域网	18	6	12
项目5　安装与配置网络服务	12	4	8
项目6　认识网络安全	6	4	2
合计	72	28	44

本书由赵晓君、刘俞辛任主编，廖子泉、杨樱、韦忠坚任副主编，参与编写的还有梁振奇、李扬、黎佳欣、周丽晶和罗悦瑛。

由于编者水平有限，书中难免存在不足之处，敬请读者批评指正。

编　者

目 录

前言

项目 1　探索计算机网络　001

任务 1　体验计算机网络　002

任务 2　认识计算机网络的组成与分类　009

任务 3　认识传输介质与数据通信　017

任务 4　认识计算机网络的拓扑结构　032

任务 5　认识网络体系结构　038

　　项目小结　049

　　实战强化　049

　　收获与反思　052

　　拓展学习　053

项目 2　组建双机对等网络　054

任务 1　在思科模拟器中组建双机对等网络　055

任务 2　在虚拟机中组建双机对等网络　067

任务 3　在网络中共享文件　073

任务 4　制作双绞线　077

　　项目小结　080

　　实战强化　080

　　收获与反思　081

　　拓展学习　082

项目 3　组建小型局域网　083

任务 1	选择组网技术	084
任务 2	选择和配置交换机	089
任务 3	实现端口隔离	097
任务 4	实现无线连接	102
任务 5	小型局域网综合实训	105
任务 6	三层交换机实现 VLAN 间路由	110
	项目小结	113
	实战强化	113
	收获与反思	115
	拓展学习	115

项目 4　组建中型局域网　116

任务 1	设计中型网络系统结构	117
任务 2	选择和配置路由器	121
任务 3	搭建单臂路由	126
任务 4	配置静态路由	130
任务 5	配置动态路由 RIP	135
任务 6	配置动态路由 OSPF 协议	140
	项目小结	144
	实战强化	144
	收获与反思	145
	拓展学习	146

项目 5　安装与配置网络服务　　147

任务 1　安装网络操作系统　　148
任务 2　配置 DNS 服务器　　153
任务 3　配置 DHCP 服务器　　160
任务 4　配置 Web 服务器　　165
任务 5　配置 FTP 服务器　　170
　　项目小结　　174
　　实战强化　　174
　　收获与反思　　175
　　拓展学习　　175

项目 6　认识网络安全　　176

任务 1　走近计算机网络安全　　177
任务 2　认识网络安全的防护技术　　181
　　项目小结　　191
　　实战强化　　191
　　收获与反思　　192
　　拓展学习　　192

参考文献　　194

项目 1
探索计算机网络

项目概述

本项目追溯计算机网络的发展历程，深入研究其基础概念，包括网络的组成、分类、传输介质、参考模型等。通过调查、数据分析、填表、画图、动手实验等活动，掌握计算机网络的组成与分类，能分辨和绘制常见拓扑图，能根据场景选择适当的传输介质，并能说出参考模型各层的主要功能。

学习目标

知识目标：

掌握计算机网络的定义与功能

了解计算机网络的发展历程及发展趋势

掌握计算机网络的组成

掌握计算机网络的分类和拓扑结构

掌握计算机网络的传输介质及其特点

掌握 OSI 参考模型和 TCP/IP 模型的工作原理

能力目标：

能运用互联网搜集信息资源

能说出计算机网络中常用的软件和硬件

能说出双绞线、光纤、无线传输介质的特点及应用场景

能描述 TCP/IP 模型的工作原理

能运用 Cisco Packet Tracer 思科模拟器绘制网络拓扑图

素质目标：

培养收集、整理信息和归纳知识的能力

培养团队协作精神

知识导图

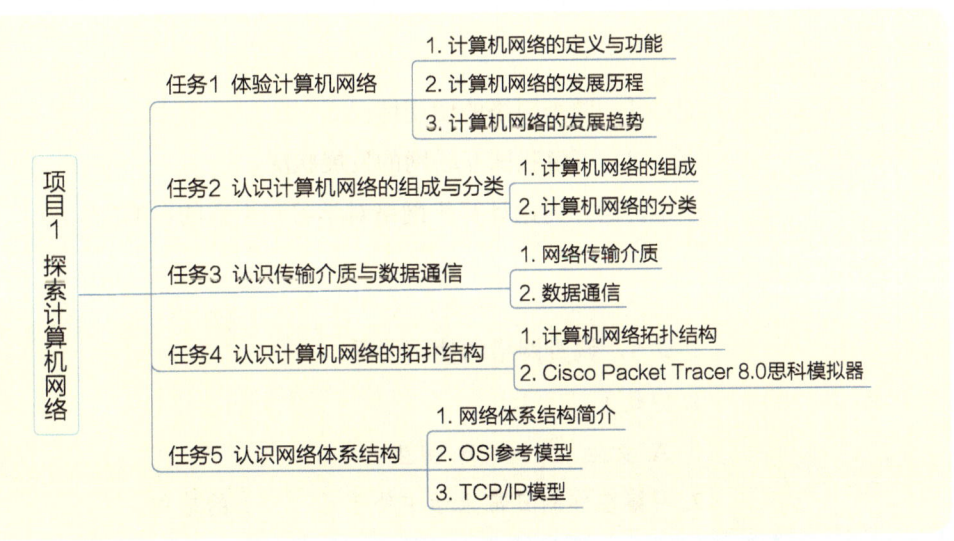

任务 1
体验计算机网络

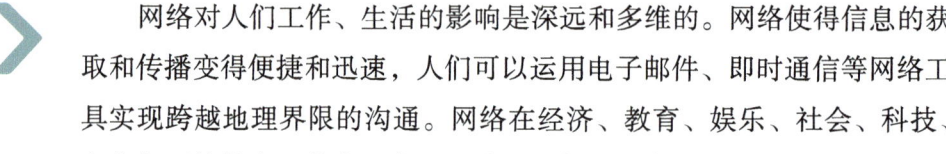

任务描述 　　网络对人们工作、生活的影响是深远和多维的。网络使得信息的获取和传播变得便捷和迅速，人们可以运用电子邮件、即时通信等网络工具实现跨越地理界限的沟通。网络在经济、教育、娱乐、社会、科技、文化与环境等方面带来巨大的影响。本任务要求学习者了解计算机网络的发展和趋势，掌握网络的概念和功能。

任务分析 　　通过一系列的调查研究，了解计算机网络对当今社会的影响：通过调查问卷收集大家对计算机网络影响的看法；搜索并分析《中国互联网络发展状况统计报告》以获取官方数据；组织小组讨论探讨计算机网络的利弊。

任务目标
- 掌握计算机网络的定义与功能。
- 了解计算机网络的发展历程和发展趋势。

任务布置
活动 1　调查网络的使用情况。
活动 2　了解我国互联网的发展状况。
小组讨论　讨论计算机网络对学习和生活的影响。

任务实施
活动 1　调查网络的使用情况。
1. 你是（　　）。
　　A. 女生　　　　B. 男生
2. 网络在你的日常生活中处于（　　）的地位。

A. 时刻陪伴　　B. 重要，但能够自我控制　　C. 可有可无　　D. 排斥，不能接受

3. （多选）你每天使用的手机功能主要有（　　）。

   A. 即时通信（如电话、短信、微信、QQ 等）

   B. 搜索浏览网面（如看新闻、刷微博、逛论坛）

   C. 学习自己感兴趣的知识（如烘焙、插花、网球等）

   D. 听音乐、看视频、拍照和摄像

   E. 阅读电子书、查询、接收、发送资料文件

   F. 玩游戏

   G. 购物

   H. 其他

4. 在网站上填写个人信息时，你的真实度是（　　）。

   A. 完全真实　　B. 部分真实　　C. 完全不真实　　D. 视网站而定

5. 设置密码时，你一般采用（　　）的方法。

   A. 电话号码或生日　　　　　　　　B. 纯英文字母

   C. 数字、字母、符号混用　　　　　D. 纯数字

6. 在上网时 QQ 弹出某个好友的对话框，邀你帮他投票并附上网址，这时你会（　　）。

   A. 朋友之间这点小忙肯定帮，立即登录投票

   B. 通过其他方式联系好友，确认投票事实

   C. 先打开网页看看再说

   D. 需要登录投票的一定是钓鱼网站，不理会

活动 2　了解我国互联网的发展状况。

通过浏览器（谷歌、火狐、Edge 浏览器均可）的搜索引擎搜索并阅读第 55 次《中国互联网络发展状况统计报告》，了解我国互联网的应用状况。把搜索的内容填入表 1-1-1 中。

表 1-1-1　我国互联网的发展

统计内容	数据
我国网民规模/（万人）	
互联网普及率（%）	
手机网民规模/（万人）	
手机、台式计算机、笔记本计算机、电视和平板计算机的上网比例（%）	
即时通信用户规模/（万人）	

（续）

统计内容	数据
网络支付用户规模/（万人）	
网络购物用户规模/（万人）	
网络音乐用户规模/（万人）	
在线旅行预订用户规模/（万人）	
互联网医疗用户规模/（万人）	

小组讨论 讨论计算机网络对学习和生活的影响。

分组讨论网络对日常学习和生活的影响，通过小组讨论与分析，总结出正面影响和负面影响各6项，填入表1-1-2。

表1-1-2 计算机网络对学习和生活的影响

正面影响	负面影响

知识储备

1. 计算机网络的定义与功能

（1）计算机网络的定义

计算机网络是一个由多台地理位置分散、功能独立的计算机及智能设备组成的系统，这些设备通过通信线路和通信设备相互连接，并在操作系统、网络管理软件及网络通信协议的管理和协调下，实现资源共享和信息交换，如图1-1-1所示。

遵循计算机网络的定义，网络必须具备以下基本要素。

1）节点数量：网络至少包含两台计算机或智能设备。

2）物理连接：通过传输介质和通信设备将这些计算机和智能设备连接起来。

微课01：体验计算网络

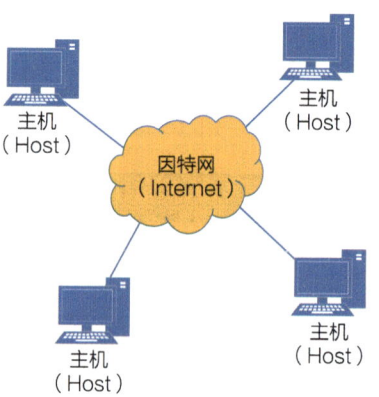

图1-1-1 计算机网络

3）组建网络的目的：实现资源共享。

4）通信协议：所有的设备必须遵守一套共同的通信协议，以确保数据的准确传输和接收。

（2）计算机网络的功能

计算机网络是计算机技术和通信技术紧密结合的产物，它使计算机不再受限于物理位置，能够在全球范围内进行信息的交换和资源的共享。

1）数据通信。数据通信是计算机网络最主要的功能之一。数据通信是依照一定的通信协议，利用数据传输技术在两个终端之间传递数据信息的一种通信方式和通信业务，允许不同计算机和设备之间通过有线或无线的方式交换信息。

2）资源共享。资源共享是构建计算机网络的主要目的之一。在计算机网络中，可共享的计算机资源包括硬件资源、软件资源和信息资源。

硬件资源的共享可以提高设备的利用率，减少不必要的重复投资，例如，通过计算机网络，可以共享使用网络打印机、大容量存储设备以及高性能计算设备，从而实现资源的集中管理和优化分配。

软件资源的共享有助于减少软件的重复购置或开发，进而降低成本并提高效率。计算机网络提供了丰富的软件资源，包括操作系统、应用程序、工具软件以及数据库管理软件等，这些资源可供网络中的多个用户共同使用。

信息资源是极具价值的资产，互联网作为信息资源的巨大宝库，涵盖了广泛的领域和丰富的内容，如图 1-1-2 所示。每个接入计算机网络的用户都能够在任何时间以任何形式搜索、访问、浏览和获取这些信息资源。信息资源的共享通过网络得以实现，例如，数字图书馆就是信息资源共享的一个典型应用。

图 1-1-2　信息资源共享

3）提高系统的可靠性。在单机系统中，当关键组件或计算机发生故障时，通常需要通过更换故障部件或整个系统来恢复运行，否则系统将无法正常工作。

相比之下，当网络中的一个节点或计算机发生故障时，其他节点可以接管故障节点的功能，从而维持网络服务的连续性和稳定性。此外，资源可以在网络的多个位置进行冗余存储，用户可以通过多个路径访问这些资源，这减少了单点故障对整个系统可靠性的影响，如图 1-1-3 所示。因此，网络被广泛应用于铁路运输、工业自动化、空中交通管理和电力分配系统等多个关键领域。

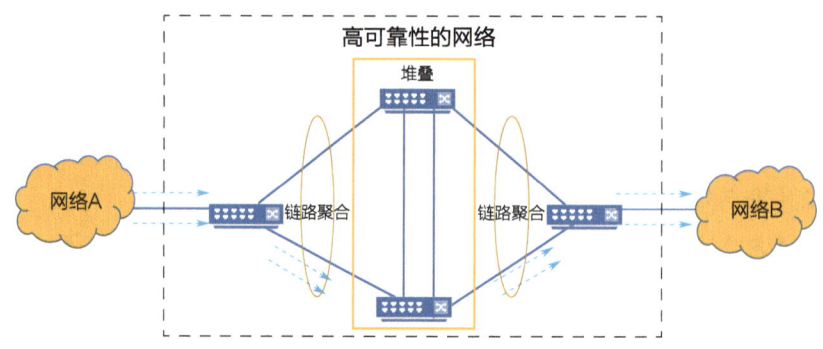

图 1-1-3　高可靠性的网络

4）实现分布式处理。分布式系统将复杂的、大型的任务分解成许多小任务，并分配给网络中的多台计算机进行并行处理，以此提高处理效率和速度，如图 1-1-4 所示。分布式系统广泛应用于大数据分析、科学计算、分布式数据库系统等领域。

5）集中管理。对于地理位置分散的组织和部门，计算机网络能够实现数据和信

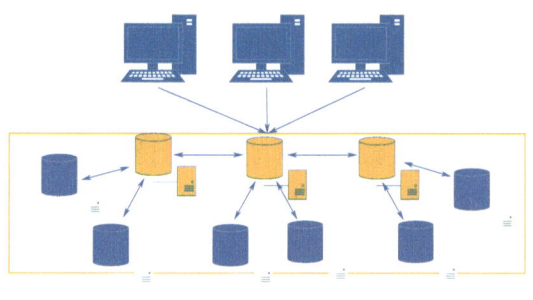

图 1-1-4　分布式系统

息的集中处理，从而便于进行高效的管理、全面的协调和统一的指挥。例如，交通运输部门的订票系统就是典型应用。

6）负载均衡。负载均衡通过将任务均匀地分配到网络中的多个计算机系统，解决了单台计算机处理能力的限制以及计算机间工作负载不均的问题。当检测到某台计算机负载过高时，系统会自动将部分工作转移到负载较轻的计算机上，以此提高资源利用率并增强整个网络的稳定性和可靠性。

7）综合信息服务。综合信息服务是各行业根据自身需求构建的多功能、信息丰富的服务平台。这一平台旨在为社会公众、政府机构、企业、研究机构等提供全面的数据分析和咨询服务。

由此可见，计算机网络能够显著增强计算机系统的功能，扩大其应用领域，提升系统的可靠性，并为用户提供便捷的服务。同时，它还有助于降低成本，提高性价比。

2. 计算机网络的发展历程

计算机网络虽然只有几十年的发展历程，但它已经从简单到复杂、从低级到高级、从地区性到全球性经历了显著的演变。从 1946 年世界上第一台计算机 ENIAC 的诞生到现在网络的全面普及，计算机网络可分为四个主要阶段：面向终端的计算机网络、

计算机通信网络、开放式标准化网络,以及以 Internet 为核心的高速计算机网络,见表 1-1-3。

表 1-1-3　计算机网络的发展历程

阶段	时间	概述
第一阶段 面向终端的计算机网络	20 世纪 50 年代中期— 20 世纪 60 年代中期	以单个中央主机为中心的远程联机系统,构成面向终端的计算机网络
第二阶段 计算机通信网络	20 世纪 60 年代中期— 20 世纪 70 年代中期	开始进行主机互联,多台独立的主计算机通过线路互联构成计算机网络,无网络操作系统,只是通信网。20 世纪 60 年代末期,ARPANET 出现
第三阶段 开放式标准化网络	20 世纪 70 年代中期— 20 世纪 80 年代末期	以太网产生,ISO(International Standard Organization,国际标准化组织)制定了 OSI 参考模型,试图为世界提供统一的网络体系结构,遵循国际标准化协议的计算机网络迅猛发展
第四阶段 以 Internet 为核心的高速计算机网络	20 世纪 80 年代末期至今	局域网技术已经逐步发展成熟,光纤、高速网络技术及多媒体、智能网络等技术相继出现

1)面向终端的计算机网络。20 世纪 50 年代至 60 年代中期,计算机网络技术处于发展的萌芽期。这一时期,由一台中央主机通过通信线路与地理分布广泛的终端相连。这些终端依赖中央主机的软硬件资源,自身不具备数据处理能力。中央主机负责执行所有的计算任务和通信控制,然后将处理的结果传送回相应的终端。面向终端的计算机网络如图 1-1-5 所示。

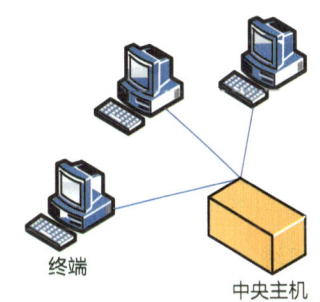

图 1-1-5　面向终端的计算机网络

2)计算机通信网络。为了增强网络的可靠性与可用性,研究者着手探索多计算机互联的新技术。1969 年 12 月,美国国防部高级研究计划局(Defense Advanced Research Projects Agency,DARPA,当时称 ARPA)成功部署了计算机分组交换网络 ARPANET,它是现代互联网 Internet 的前身。ARPANET 的启动,预示着计算机网络技术迈入了一个崭新的发展阶段。

分组交换网络的引入和成功实施,为计算机网络的理论和架构带来了革命性的变革。在这种网络中,通信子网由接口信息处理机(Interface Message Processor,IMP)构成,而主机和终端则位于网络的边缘,形成了用户资源子网。用户不仅可以共享通信子网的资源,还能访问用户资源子网中的丰富硬件和软件资源。这种以通信子网为核心的网络结构通常被认为是第二代计算机网络的代表。计算机通信网络如图 1-1-6 所示。

3）开放式标准化网络。为了实现计算机网络中计算机的高效通信，早在设计 ARPANET 时就有专家提出了层次模型。分层设计方法能够将复杂的网络问题分解为多个较小、更易于管理和解决的子问题。

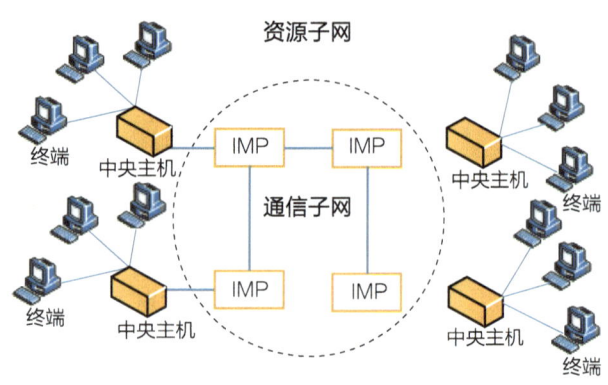

图 1-1-6　计算机通信网络

ISO 于 1977 年设立专门的机构研究解决不同公司之间的网络不能互联互通的问题，并于 1984 年正式颁布一个使各种计算机能够互连的标准框架——开放式系统互连参考模型（Open System Interconnection/Reference Model，OSI/RM），简称 OSI 参考模型。OSI 参考模型的出现，意味着计算机网络发展到第三阶段，即开放式标准化网络，在开放式环境下，所有计算机设备和通信设备只要遵循共同制定的国际标准，就可以实现不同产品在同一网络中的通信。开放式标准化网络如图 1-1-7 所示。

4）以 Internet 为核心的高速计算机网络。20 世纪 80 年代末期至今，局域网技术已经逐步发展成熟，光纤、高速网络技术及多媒体、智能网络等技术相继出现，整个网络就像一个对用户透明的、大的计算机系统，发展为以 Internet 为代表的互联网。

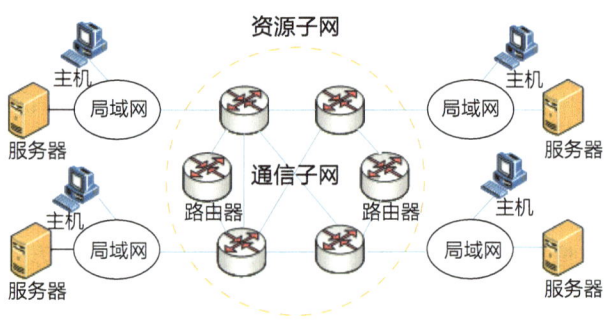

图 1-1-7　开放式标准化网络

3. 计算机网络的发展趋势

随着计算机技术的迅猛进步，计算机网络已成为现代社会的基础设施。它不仅改变了日常生活和商业运作，还极大地推动了信息交流和全球一体化的进程。计算机网络发展的新技术有人工智能技术、物联网技术、5G 网络技术、虚拟化技术、容器化技术等。

任务 2
认识计算机网络的组成与分类

任务描述

假设你是一家公司的 IT 部门负责人，公司正在计划升级计算机网络系统以提高工作效率和数据安全性。为了制订一个全面的升级计划，你需要对计算机网络的硬件组成、软件组成以及网络的分类有一个清晰的理解。

任务分析

通过小组观察、分析和讨论，了解局域网中的软硬件组成，识别关键的网络组件，并理解它们在网络中的作用，分层次、分模块地对整个计算机网络进行深入了解。

任务目标

- 掌握计算机网络的硬件组成和软件组成。
- 掌握计算机网络的分类。

任务布置

小组讨论　阅读局域网图示，说出可能用到的硬件和软件，并想一想网络中的硬件和软件哪些是必不可少的。

活动　观察实训室的网络，分析用到的硬件和软件。

任务实施

小组讨论　局域网如图 1-2-1 所示，说出可能用到的硬件和软件，并想一想网络中的硬件和软件哪些是必不可少的（至少说出三种）。

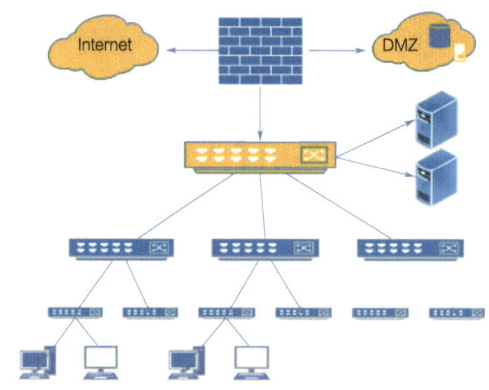

图 1-2-1 局域网

（1）将观察的结果填入表 1-2-1 中

表 1-2-1 网络中的硬件和软件

项目	内容
网络中的硬件	
网络中的软件	
其他设备	

（2）想一想，哪些硬件和软件是必不可少的（至少说出三种）

必要的硬件：_____

必要的软件：_____

活动 观察实训室的网络，实训室实景如图 1-2-2 所示，分析用到的硬件和软件。

本实训室用到的硬件：

_____

本实训室用到的软件：

_____

图 1-2-2 实训室实景

知识储备

1. 计算机网络的组成

计算机网络系统由硬件、软件两大部分组成，各部分之间相互协作，

微课 02：认识计算机网络的组成与分类

共同构成了一个高效、稳定、安全的网络环境。

（1）计算机网络的硬件组成

计算机网络的硬件包括一系列的设备和组件，这些设备与组件使得网络中的计算机能与其他设备相互连接和通信。计算机网络的硬件组成如图1-2-3所示。

1）资源子网。资源子网主要负责全网的数据处理业务，为全网用户提供各种网络资源与网络服务。资源子网中的硬件包括主机、服务器和终端。

主机（Host）：主机是计算机网络系统的核心，它可以是大型机、中型机、小型机、工作站或微型计算机，可以发送、接收和处理数据，是网络资源的主要提供者。主机的性能直接影响到整个网络系统的运行效率。

服务器（Server）：服务器是为网络提

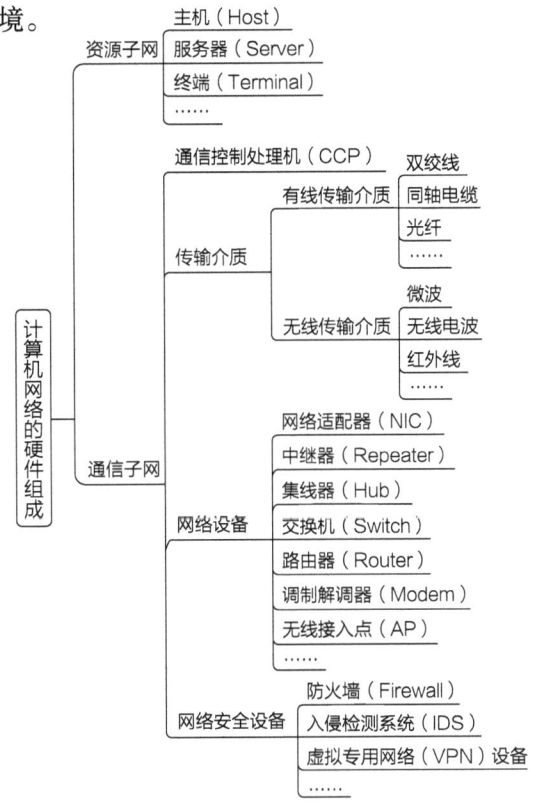

图1-2-3 计算机网络的硬件组成

供资源、数据和应用程序的计算机，如文件存储、打印服务、数据库管理、邮件服务、Web托管等。根据其功能可分为文件服务器、数据库服务器、邮件服务器、Web服务器和应用服务器。

终端（Terminal）：终端是用户访问网络的界面，可以是简单的输入、输出终端，也可以是带有微处理器的智能终端。

2）通信子网。通信控制处理机：通信控制处理机（Communication Control Processor，CCP）是计算机网络中的关键设备，负责处理网络中的通信控制任务，减轻主计算机的负担，提高通信线路的利用率，其主要功能是线路控制、终端控制、多路通信的组织管理、传输速度的调节和数据缓冲等。

传输介质：传输介质是指在计算机网络中用来携带数据的物理材料，也是CCP与CCP、CCP与主机之间提供数据通信的通道。计算机网络中采用的传输介质的种类很多，如双绞线、同轴电缆、光纤等有线传输介质，微波、无线电波、红外线等无线传输介质。不同的传输介质影响网络的性能，包括传输速率、信号衰减、抗干扰能力等。

网络设备：网络设备是实现主机之间、主机与终端之间数据传输的关键。常见的网络设备包括网络适配器、交换机、路由器、调制解调器、无线接入点等。

网络适配器又称为网络接口卡（Network Interface Card，NIC，简称网卡），是一种计算机或其他设备接入网络的硬件设备。网卡的主要任务是将计算机或设备的数字信号与适合网络传输的电信号、光信号互相转换，负责数据的封装和解封，使得计算机或设备能与网络进行数据通信。每个网卡都拥有一个独一无二的媒体访问控制（MAC）地址，用于在网络中识别设备。

中继器（Repeater），又称为转发器，是最简单的网络互连设备。中继器常用于在两个网络节点的物理层之间按比特位双向传递物理信号，完成信号的复制、调整和放大功能，以扩大数据的传输距离。

集线器（Hub），是一种特殊的多端口中继器，用于连接多个设备和网段。集线器的主要功能是对接收到的信号进行再生、整形、放大，以扩大网络的传输距离，同时把所有节点集中在以它为中心的节点上。

交换机（Switch），交换机用于连接多个网络设备并提供数据的交换和转发服务。交换机又分二层交换机和三层交换机。二层交换机的主要功能是基于物理地址（MAC地址）学习、帧转发与过滤、VLAN支持、链路聚合、错误校验、流量与拥塞控制；三层交换机具有二层交换机的所有功能，另外具有 IP 路由、网络分段、VLAN 间路由、访问控制列表、网络地址转换、负载均衡等功能。

路由器（Router），用于不同网络或子网之间转发数据包。路由器的主要功能是路由选择、路由协议、网络地址转换、防火墙、DHCP 服务等。

调制解调器（Modem），主要作用是实现数字信号和模拟信号之间的转换，以便在模拟传输介质（如电话线、有线电视线或无线信道）上传输数据，如图 1-2-4 所示。

无线接入点（Access Point，AP），是无线网络中的一种关键设备，它主要负责将有线网络信号转换为无线信号，供移动设备（如手机、笔记本计算机、平板计算机、电子手环等）进行连接。主要功能有无线信号发射、网络扩展、VLAN 支持、漫游功能等。

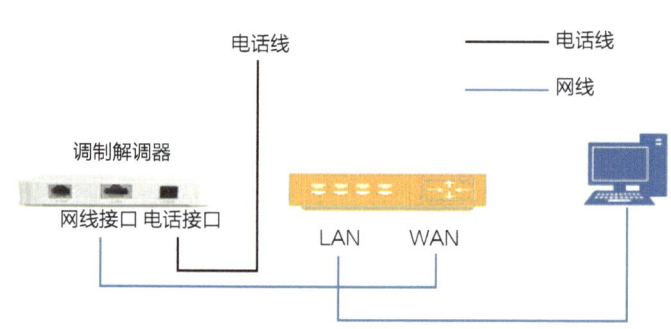

图 1-2-4　调制解调器的连接

网络安全设备：

防火墙（Firewall），是一种网络安全系统，用于监测和控制进出网络的流量，通过预定义的安全规则允许或拒绝数据包传输，阻止非法访问和恶意攻击。常见的防火墙有硬件防火墙和软件防火墙两种。

入侵检测系统（Intrusion Detection System，IDS），用于监测并分析用户和系统的活动、检查系统配置和漏洞、对操作系统进行日志管理，以发现异常的流量和违反安全策略的行为，从而判断是否存在攻击。入侵防御系统（Intrusion Prevention System，IPS）是 IDS 的扩展，不仅可以检测潜在的攻击，还可以采取措施防止攻击发生。

虚拟专用网络（VPN）设备，通过在公共网络上创建一个加密的、专用的数据通信隧道来保护网络隐私和安全。VPN 设备的主要功能是实现数据的加密传输和身份验证，确保数据在传输过程中的安全性和完整性。

（2）计算机网络的软件组成

计算机网络的软件对于实现网络功能是不可缺少的。根据软件的功能，计算机网络的软件可分为网络系统软件和网络应用软件两大类。这些软件使得网络设备能够相互通信、管理和维护网络服务，包括网络操作系统、网络协议软件、服务器软件和网络管理软件。

1）网络操作系统。网络操作系统是计算机网络系统的核心软件，提供网络通信、资源管理和设备驱动等支持。常见的网络操作系统有 Windows Server、Linux、UNIX、macOS 等。

2）网络协议软件。网络协议是实现主机之间通信的规则和约定。常见的网络协议有 TCP/IP、NetBEUI、IPX/SPX、HTTP、FTP、SMTP 等。NetBEUI 是 NetBIOS 用户扩展接口协议；TCP/IP 实现了不同类型设备之间的连接和数据传输；HTTP 定义了客户端和服务器之间交互的规则；FTP 则用于文件的上传和下载；SMTP 则负责电子邮件的传输。

3）服务器软件。服务器软件用于提供特定服务和功能，使用客户端设备能够访问数据、使用应用程序和共享资源，如 Web 服务器软件、数据库服务器软件、邮件服务器软件等。

4）网络管理软件。网络管理软件是用于配置、监控和管理网络设备和服务的工具。它可以确保网络的可靠性、安全性和性能，并允许网络管理员对网络设备的参数进行配置和管理，包括 IP 地址的分配、VLAN 配置、接口配置等；性能监控是监控设备和连接的性能指标，如带宽的使用率、错误率、延迟等；故障管理提供故障诊断工具，如 Wireshark、Nagios、SolarWinds 等；安全管理监控网络安全事件。

2. 计算机网络的分类

计算机网络是一个复杂的系统，其分类方式多种多样，可以根据网络覆盖地理范围、传输介质、通信方式、逻辑方式、网络传输技术等多个标准来对计算机网络进行分类。

（1）按网络覆盖地理范围分类

局域网（Local Area Network，LAN）：是指距离在几千米内的计算机相互连接所构成的计算机网络，广泛应用于办公室、校园、工厂及企业的个人计算机或工作站，用于个人计算机或工作站之间的数据通信和资源共享。

局域网具有以下特征：

1）局域网仅工作在较小的地理范围内，通常限制在几米到几千米之间，采用较单一的传输介质，常用的设备有交换机、路由器、无线接入点、网络接口卡（NIC）、服务器和客户端设备。

2）局域网提供高速的数据传输速率，常见速率为 100 Mbit/s、1Gbit/s 甚至更高。

3）由于数据传输距离短，局域网传输时延低且误码率低。

4）局域网组网方便、使用灵活，是目前计算机网络中最活跃的分支之一，常用于办公室自动化、文件共享、打印机共享、安全监控等。

个人局域网（PAN）：个人局域网是一种小型的计算机网络，覆盖范围在 10m 左右，它连接了个人区域内的电子设备，如智能手机、笔记本计算机、打印机、耳机等。PAN 常用无线技术进行连接，如蓝牙、Wi-Fi、NFC（近场通信）和 ZigBee 等。

城域网（Metropolitan Area Network，MAN）：所采用的技术与局域网类似，其覆盖范围通常为一个城市，连接多个局域网和社区网络，距离为几千米至几万米，传输速率在 1 Mbit/s 以上。城域网通常采用光纤、无线通信技术或无线电波技术。

广域网（Wide Area Network，WAN）：广域网覆盖很大的地理范围，可以跨越城市、国家，通常由多个局域网（LAN）、城域网（MAN）、个人局域网（Personal Area Network，PAN）互连而成，并使用大量的通信链路。广域网使用多种通信技术，如光纤、卫星通信等。广域网的典型代表是 Internet。

（2）按传输介质分类

根据传输介质的不同，可将计算机网络分为两种：有线网和无线网。

有线网（Wired Network）：采用双绞线、同轴电缆、光纤等有线介质进行数据传输的计算机网络。有线网不受电磁干扰、信号衰减、天气条件的影响，提供稳定的连接，能够支持非常高的数据传输速率，适合大量数据的快速传输。双绞线是目前最常见的传输介质之一，它经济实惠、易于安装，但传输速度较低、易受到干扰，传输距离短。同轴电缆是常见的一种传输介质，它比较经济，安装便利，传输速率和抗干扰能力一般，传输距离较短。光纤传输距离长，传输速率高，每秒可达数千兆位，抗干扰性强，不会受到电子监听设备的监听，有较高的安全性，但是其成本较高，安装技术较为复杂。

无线网（Wireless Network）：采用通信卫星、无线电波、微波等无线形式进行数据传输的网络。无线网，特别是无线局域网有很多优点，如易于安装和使用、移动性强、扩展性好、成本低、技术多样、传输速度快等。但无线局域网的数据传输速率远低于有线局域网。另外，无线局域网的误码率也比较高，而且节点之间相互干扰比较厉害。

（3）按通信方式分类

计算机网络按通信方式可分为线路交换网络、报文交换网络和分组交换网络。

线路交换网络：线路交换是电话网络中使用的交换方式。在数据传输前，电路交换网络会建立一个物理或逻辑连接，称为电路。电路一旦建立，数据就可以进行数据传输，直到传话结束。

报文交换网络：在报文交换网络中，整个报文在传输之前会被存储在中间节点，然后作为一个整体转发到下一个节点，报文交换不需要建立连接，每个报文独立选择路由，由于每个报文都需要在节点中存储和转发，可能出现延迟。

分组交换网络：分组交换是将一个长的报文划分为许多定长的报文分组，以分组作为传输的基本单位，这不仅大大简化了对计算机存储器的管理，也加速了信息在网络中的传播速度。分组交换是现代互联网的基础，它允许多个会话共享网络资源，提高了带宽的利用率。

（4）按逻辑方式分类

按逻辑方式分类，计算机网络可分为通信子网和资源子网。

通信子网：负责处理网络的数据传输和路由功能，主要包括通信控制处理机（CCP）、网络控制中心（NCC）、分组组装/拆卸设备（PAD）、网关等。

资源子网：负责全网提供网络服务和资源，处理数据的最终处理、存储和分发，实现网络资源的共享，主要包括主机、终端设备、网络操作系统、网络数据库。

（5）按网络传输技术分类

依据网络传输技术的不同，可以将计算机网络分为两种：广播式网络和点对点网络。

广播式网络：在广播式网络中，所有计算机共享一条公共通信信道。在传输信息时，任何一个节点都可以发送数据，并被其他所有节点接收。其他节点根据数据包中的目的地址进行判断，如果是发给自己的，则接收，否则便丢弃它。总线型以太网就是典型的广播式网络，如图1-2-5所示。

点对点网络（Peer-to-Peer，P2P）：与广播式网络相反，点对点网络由许多互相连接的节点构成，在每对节点之间都有一条专用的通信信道，因此不存在信道共享与复用的情况。点对点网络是无中心服务器，每个节点既是客户机又是服务器。

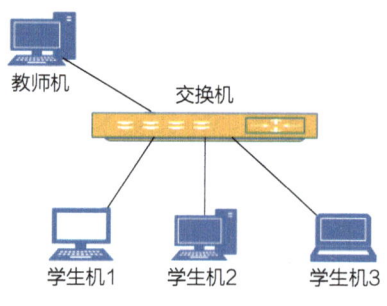

图 1-2-5　广播式网络

（6）按网络体系结构和服务方式分类

按网络体系结构和服务方式分，可分为对等网络和客户机/服务器网络。对等网络中每台计算机（节点）都是平等的，既可以作为客户端请求其他计算机上的资源，也可以作为服务器提供资源给其他计算机，适用于小型网络。客户机/服务器（Client/Server，C/S）网络由一台或几台计算机集中提供文件、打印、数据库等资源的管理和存取服务，而客户端请求这些服务，适用于集中管理的较大型网络环境。

（7）按传输带宽分类

计算机网络按传输带宽方式可以分为窄带网络、宽带网络、基带网络和高速网络。

窄带网络：窄带网络是指传输带宽相对较窄的网络，通常用于传输较低速率的数据，传输速率在 56kbit/s 以下。

宽带网络：宽带网络具有较宽的传输带宽，带宽通常在 10Mbit/s 以上，能够支持高速数据传输，包括有线电视网络、DSL（数字用户线）和光纤网络等。

基带网络：基带网络是最直接的数据传输方式，不涉及信号的频率转换或调制，信号保持完整性高，但传输距离较短且容易受到干扰，适用于局域网等场景。

高速网络：高速网络指的是传输速率较高的网络，能支持大量数据的快速传输和处理服务，常用于数据中心、云计算、视频流和多媒体。

（8）按拓扑结构分类

计算机网络的拓扑结构主要有总线型拓扑、星形拓扑、环形拓扑、树形拓扑、网状拓扑和混合型拓扑。

任务 3
认识传输介质与数据通信

传输介质在计算机网络中扮演着重要的角色，它是网络通信的基础，决定着网络的速度、成本和覆盖范围，影响网络的灵活性、扩展性和安全性。通过本任务，读者将了解传输介质的特点及数据通信的基础，能够为网络选择适当的传输介质。

通过分析经典网络，深入理解常见传输介质的类型。首先掌握有线和无线传输介质的基本概念，然后进一步拓宽视野，探索数据通信的基础知识，以构建全面的网络通信知识体系。

- 了解传输介质的分类。
- 掌握双绞线的结构及特点。
- 掌握光纤的结构及传输原理。
- 了解常见的无线传输介质。
- 了解数据通信的基本概念。

活动　阅读图示，说出用到哪些传输介质。
小组讨论　观察实训室，说出用到哪些传输介质。

活动　阅读图示，说出用到哪些传输介质。
阅读图1-3-1，看看该网络中用到哪些传输介质，将观察的结果填

017

入表 1-3-1 中。

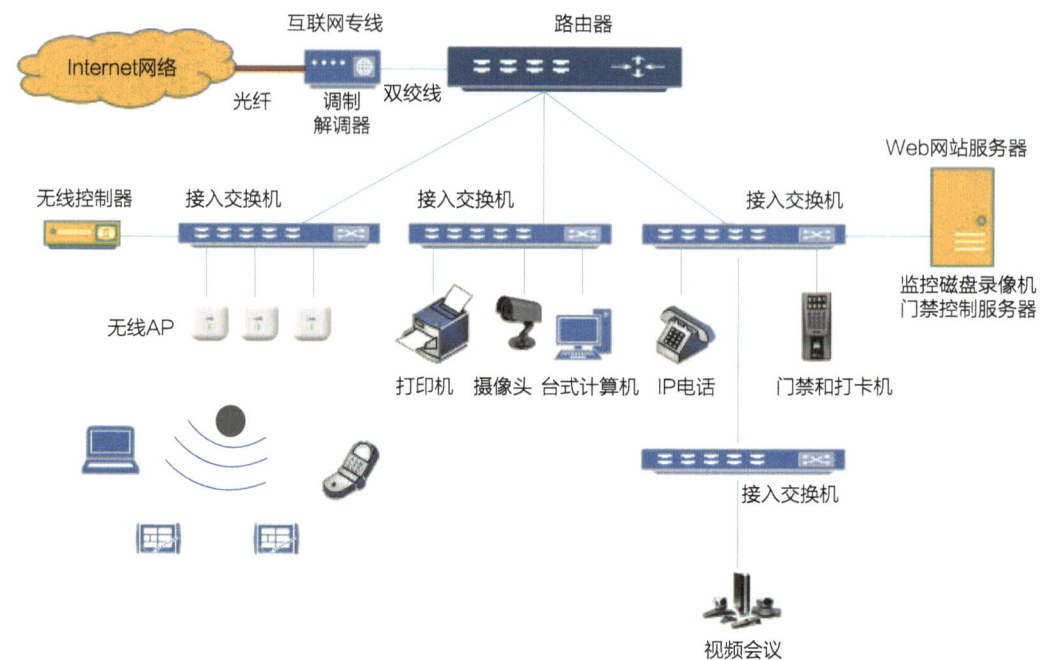

图 1-3-1　网络示意图

表 1-3-1　传输介质

传输介质	名称	功能
介质 1		
介质 2		
介质 3		
其他介质		

小组讨论　观察实训室，说出用到哪些传输介质。

观察所在机房或网络实训室的网络结构，说一说用到了哪些传输介质，以及能不能换成其他的介质？为什么？

答：_____

_____

知识储备

1. 网络传输介质

网络传输介质是连接各网络节点，承载网络中数据传输功能的物理

微课 03：认识常见的传输介质

实体。根据介质的物理特征，网络传输介质分为有线传输介质和无线传输介质两大类。目前常用的有线传输介质有双绞线、同轴电缆和光纤，常用的无线传输介质有无线电波、微波、红外线、可见光等。

（1）双绞线

1）双绞线的组成结构。双绞线（Twisted Pair，TP）是当前计算机网络中常用的传输介质，由一对或多对具有绝缘保护层的铜导线组成，用于传输电信号。将两根绝缘铜导线以特定密度相绞合，可以使每根导线在传输数据的过程中产生的电磁干扰被另一根导线上的电磁波有效抵消，从而降低信号的干扰。与其他传输介质相比，双绞线在传输距离、信道宽度和数据传输速度等方面均受到一定限制，但价格较为低廉，易于安装。

2）双绞线的传输特点。双绞线主要用于短距离的信息传输。在传输期间，信号的衰减比较大，容易产生波形畸变，采用特殊的电子传输技术时，传输率可达 100~155Mbit/s。由于双绞线传输信息时要向周围辐射，信息很容易被窃听，为了提高安全性并防止数据被窃听，双绞线通常需要采取屏蔽措施，这会增加额外的成本。在局域网中采用双绞线作为传输介质，其带宽取决于所用双绞线的质量、长度及传输技术。双绞线一般用于室内星形网络的布线，每条双绞线通过两端安装的 RJ-45 连接器（俗称水晶头，如图 1-3-2 所示）与网卡和集线器（或交换机）相连，两个网络端口之间的最大距离为 100 m。

图 1-3-2 RJ-45 连接器

3）双绞线的分类。根据有无屏蔽层，双绞线可分为屏蔽双绞线（Shielded Twisted Pair，STP）和非屏蔽双绞线（Unshielded Twisted Pair，UTP）两大类。

屏蔽双绞线是一种具有屏蔽层的双绞线缆，用来减少电磁干扰和射频干扰，从而提高信号的传输质量和安全性。屏蔽双绞线有一个或多个屏蔽层，通常由金属箔或金属编织网组成，包裹在双绞线的外部，这样能有效减少外部干扰，提高信号的完整性，它更难被窃听，适合传输敏感数据。由于增加了屏蔽层，屏蔽双绞线的成本高，安装复杂。屏蔽双绞线具有较高的数据传输速率，如 5 类屏蔽双绞线在 100 m 内可达到 155 Mbit/s，而非屏蔽双绞线只能达到 100 Mbit/s，如图 1-3-3 所示。

图 1-3-3 屏蔽双绞线

非屏蔽双绞线是一种常见的网络传输线缆。非屏蔽双绞线电缆外面只需一层绝缘胶皮，因其没有屏蔽层、成本低、安装简便、组网灵活而被广泛应用于各种网络环境中，尤其是办公网络和家庭网络。在无特殊要求的计算机网络中常使用非屏蔽双绞线，如图1-3-4所示。

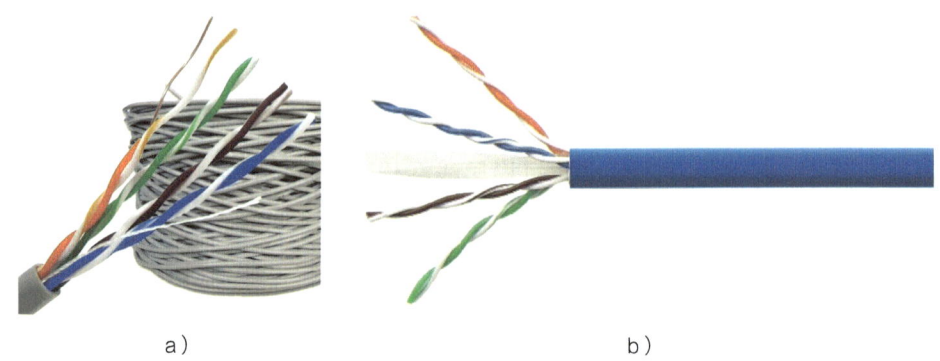

　　　　　a）　　　　　　　　　　　　　b）

图1-3-4　非屏蔽双绞线

a）超五类非屏蔽双绞线　b）六类非屏蔽双绞线

屏蔽双绞线和非屏蔽双绞线的区别见表1-3-2。

表1-3-2　屏蔽双绞线和非屏蔽双绞线的区别

比较项目	屏蔽双绞线	非屏蔽双绞线
物理结构	多了铝箔或编织网屏蔽层，以减少衰减和噪声	无屏蔽层，只有一层绝缘胶皮包裹
抗干扰能力	能有效抵抗外界的电磁干扰，降低信号传输中的噪声和失真，保证信号传输的质量	易受外界电磁干扰，会导致信号传输质量下降
应用场景	机场、医疗中心和工厂等可能产生干扰的地方	适用于家庭、办公室等没有强干扰的环境
成本和安装	制造成本较高，重量更大，且安装技术要求较高	制造成本较低，安装简便

根据电气性能，双绞线可分为三类线、四类线、五类线、超五类线、六类线、超六类线、七类线、八类线等。

EIA/TIA（Electronic Industries Alliance，美国电子工业协会/Telecommunications Industry Association，美国电信工业协会）共同制定一系列电信布线标准，这些标准定义了电信产品和服务要求，如电缆类型、连接器、系统架构、性能特性等。EIA/TIA为双绞线电缆定义了不同质量的型号，计算机网络综合布线使用第三、四、五、六、七、八类。双绞线的类别和特性见表1-3-3。

表 1-3-3 双绞线的类别和特性

类别	最高传输频率	最高传输速率	应用范围
三类线（Cat3）	16MHz	10Mbit/s	目前在 ANSI（美国国家标准学会）和 EIA/TIA-568 标准（商用建筑物电信布线标准）中指定的电缆，用于语音传输和 10Base-T 网络，目前已较少使用
四类线（Cat4）	20MHz	16Mbit/s	用于语音传输和 16 Mbit/s 的数据传输，如基于令牌的局域网
五类线（Cat5）	100MHz	100Mbit/s	用于 100Base-T 和 10Base-T 网络，目前已逐渐退出市场
超五类线（Cat5e）	125MHz	1000Mbit/s	支持千兆以太网，用于连接路由器、交换机、防火墙等网络设备，适用于办公室、数据中心和家庭网络，并且最大传输距离可达 100m
六类线（Cat6）	250MHz	1Gbit/s	该类电缆是一种高速网络传输线缆，用于千兆以太网、10/100Base-T 标准的应用，支持高速数据传输，适用于中小型数据中心、教育/政府机构等的布线
超六类线（Cat6e）	500MHz	10Gbit/s	用于万兆位网络中，适用于大型企业的高速率网络部署以及复杂的电磁环境或需要屏蔽的场合
七类线（Cat7）	600MHz	10Gbit/s	适用于万兆以太网，主要用于数据中心等场合，提供高度保密的传输
八类线（Cat8/Class I）	2000MHz	40Gbit/s	最大传输距离仅有 30m，一般用于短距离数据中心的服务器、交换机、配线架以及其他设备的连接

根据双绞线的线序分类，可分为直通线和交叉线。

EIA/TIA 标准还包括了双绞线的两种接法：EIA/TIA-568A 标准和 EIA/TIA-568B 标准。这两种接法定义了 RJ-45 连接器的线序，以确保网络的可靠性和兼容性。

直通线两端的线序是相同的，通常两端都遵循 T568A 标准或两端都遵循 T568B 标准，用于连接不同的设备，如计算机与交换机或路由器之间的连接。因为线序一致，所以可以自动适配多数设备。

交叉线一端遵循 T568A 线序，另一端遵循 T568B 线序，用于连接相同设备，如计算机之间、交换机之间的连接。交叉线通过高速线序，使得发送和接收信号的线对能够正确匹配，从而实现设备间的通信。

直通线与交叉线如图 1-3-5 所示。

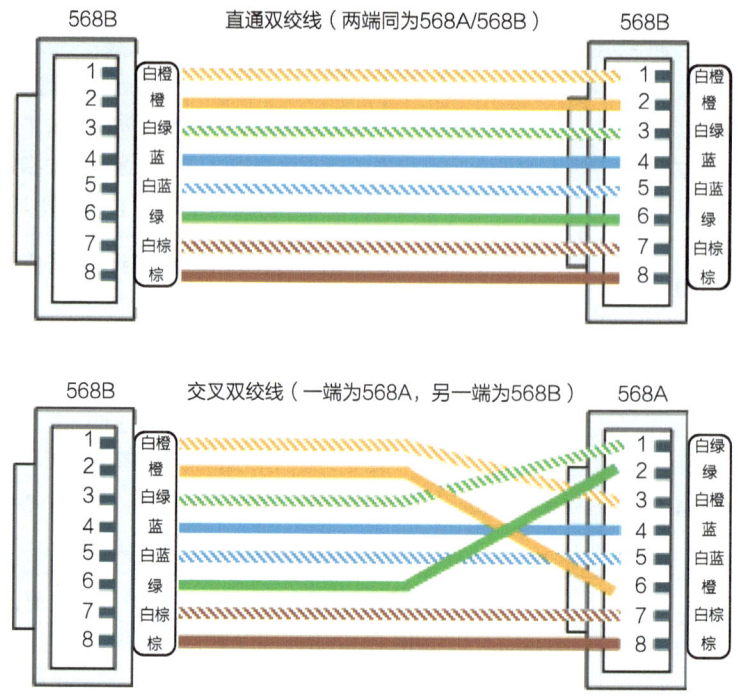

图 1-3-5 直通线与交叉线

（2）同轴电缆

同轴电缆（Coaxial Cable）由两个同心导体组成，是网络中最常用的具有保护套的电信号传输介质。它由内导体、绝缘层、外导体和塑料封套 4 个部分组成。内导体通常是铜制成的实心线或绞合线，是用于传输信号的导线；绝缘层将内导体和外导体隔离，通常由聚乙烯材料制成；外导体由金属编织网或铝箔组成，用于防止电磁干扰；塑料封套用于保护电缆免受物理损伤和环境影响。同轴电缆的屏蔽性能好，信号传输损耗小，抗干扰能力强，具有更高的带宽和噪声抑制特性，如图 1-3-6 所示。

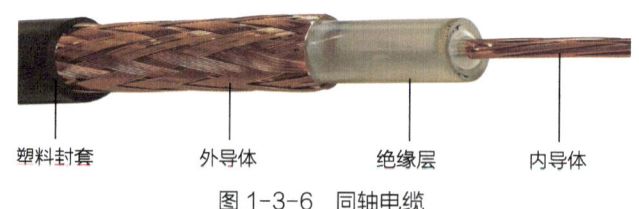

图 1-3-6 同轴电缆

同轴电缆的选择取决于特定的传输需求，包括传输距离、信号频率、功率要求以及环境因素。例如，对于需要长距离传输高清信号的家庭，RG-6 可能是最佳选择；而对于短距离的安防摄像头系统，RG-59 可能就足够了。同轴电缆的类型及特点见表 1-3-4。

表 1-3-4　同轴电缆的类型及特点

型号	阻抗	特性
RG-6	75Ω	用于传输高频信号，常用于家庭中的有线电视信号、卫星电视和宽带连接
RG-59	75Ω	相比RG-6，通常用于传输较低频率或短距离的视频信号，如闭路电视中的安防摄像头、视频监控设备
RG-11	75Ω	具有更低的信号衰减，适合长距离传输，用于有线电视和卫星电视的长距离信号传输，也用于宽带互联网连接
RG-8	50Ω	用于高功率信号传输，常用于业余无线电通信和某些专业广播

（3）光纤

光纤是光导纤维（Optical Fiber）的简写，它是一种导光性极好、直径很细的圆柱形玻璃纤维，也是一种利用光信号传输数据的介质，它由两种或多种不同折射率的玻璃或塑料制成，运用光的全反射原理传递光脉冲，实现光信号传输的材料。因为它携带的是光脉冲，不受外界的电磁干扰或噪声影响，在有大电流脉冲干扰的环境下也能保持较高的数据传输速率，并提供良好的数据安全性。

1）光纤的基本结构。光纤是由一个透明的纤芯、折射率稍低的包层和保护性涂覆层构成的多层结构的同心圆柱体，如图1-3-7所示。

纤芯的作用是传输光信号，主体由高纯度二氧化硅（石英玻璃）和少量五氧化二磷、二氧化锗等掺杂剂构成。掺杂剂用来提高纤芯的折射率，纤芯直径一般为 2～50μm。

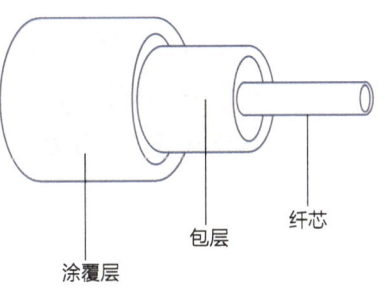

图 1-3-7　光纤的基本结构

包层的主要成分也是高纯度二氧化硅，通过掺杂微量氟或硼用来降低包层的折射率，使包层的折射率小于纤芯的折射率。纤芯和包层组成裸光纤。

涂覆层用以保护光纤免受机械损伤，主要材料是聚氨基甲酸乙酯或硅酮树脂层，厚度一般为 30～150μm。光纤外径是125μm，实用的光纤为增加自身的机械强度，在包层之外要加涂覆层。

护套又称二次涂覆或被覆层，多采用聚乙烯塑料或聚丙烯塑料、尼龙等材料，用来防止光的泄漏，对光纤起保护作用。

2）光纤的工作原理。光信号在光纤中传播主要依据光的全反射原理。当光从高折射率的光芯进入低折射率的包层时，它的折射角大于入射角，如果入射角足够大，光就会出现全反射，即光线碰到包层时便会折回纤芯，这样光就一直沿着光纤传输下去。也就是说，只要进入光纤的光线入射角大于某一个临界角度，光就可以产生全反射，如图 1-3-8 所示。

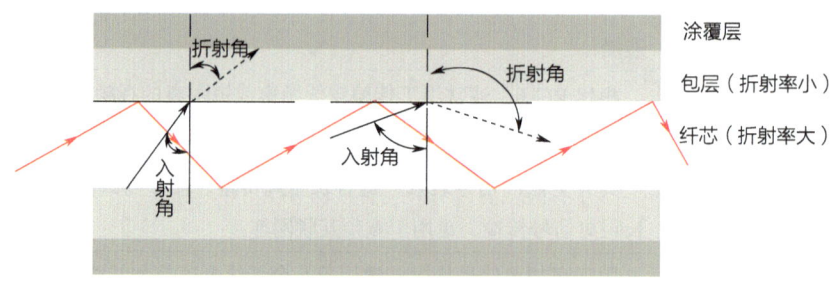

图 1-3-8　光的全反射

3）光纤的分类。根据不同的标准，可将光纤划分为以下不同的种类。

按折射率分布，光纤可分为阶跃型光纤（Step-Index Fiber）和渐变型光纤（Graded-Index Fiber）。

按波长范围，光纤可分为短波长光纤（波长为 850nm）和长波长光纤（波长为 1310～1550nm）。

按光纤结构，光纤可分为传统光纤和塑料光纤（Plastic Optical Fiber，POF）。

按制造原材料，可将光纤分为石英玻璃光纤、多成分玻璃光纤、塑料光纤、复合材料（如塑料包层、液体纤芯等）光纤。

按传输模式分，可分为单模光纤（Single-Mode Fiber，SMF）和多模光纤（Multi-Mode Fiber，MMF）。在实际应用中，常见的是单模光纤和多模光纤，如图 1-3-9 所示。

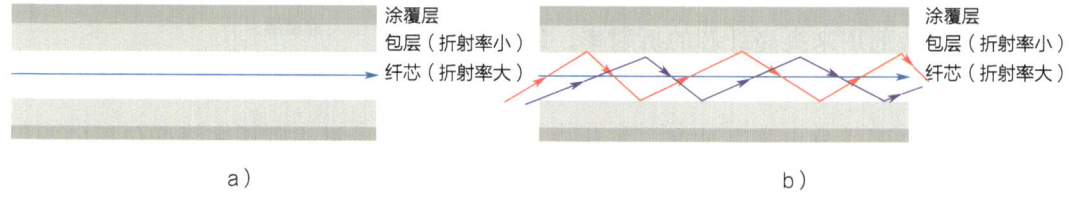

图 1-3-9　单模光纤和多模光纤
a）单模光纤　b）多模光纤

单模光纤：单模光纤只允许一种模式的光传播（即基模），大大减少了模式色散，提高了信号的传输质量。由于模式色散小，单模光纤适用于长距离、大容量和高速通信，如城域网、广域网和海底光缆系统。

多模光纤：当光纤的几何尺寸远远大于光波波长时，光纤中会存在着几十种乃至几百种传播模式，这样的光纤称为多模光纤。多模激光传输时有多个光信号。不同模式的光信号在光纤中的传输速度不同，导致到达接收端的时间有先后差异，从而引起信号失真和脉冲展宽的现象,这是光纤的模式色散。模式色散会使多模光纤的带宽变窄,而且随距离的增加会更加严重,降低了其传输容量。因此多模光纤常用于局域网、数据中心、校园网络和其他短距离通信应用。

4)光纤通信技术。光纤通信是利用光纤来传输携带信息的光波以达到通信的目的。在光纤通信过程中,由发射端将双绞线、同轴电缆等传输来的电信号进行处理,转变成光纤传输的光信号,光的强度随电信号的频率变化而变化,再由光发射机生成光束导入光纤;光信号在光纤中传播,在另一端由光接收机接收光纤上的光信号,并将其转换为电信号。为了防止长距离传输引起的光能衰减,在大容量、远距离的光纤通信中每隔一定的距离须设置一个中继器。光纤通信系统主要由光发射机、光接收机、光纤线路、光中继器和各种光器件构成,如图1-3-10所示。

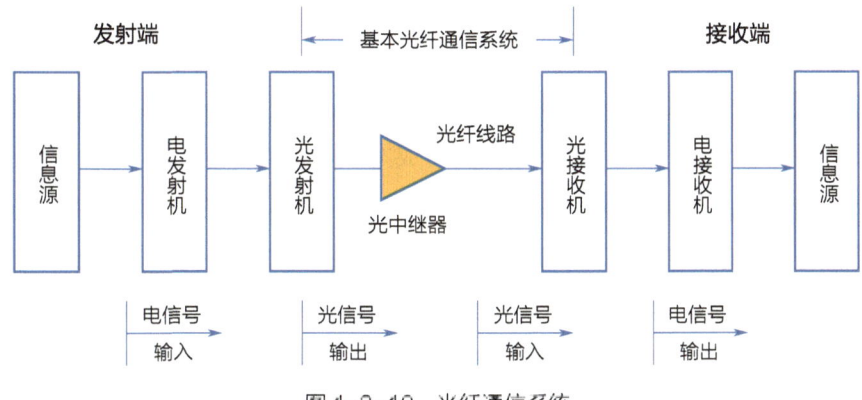

图 1-3-10 光纤通信系统

5)光纤的通信特点。光纤作为现代通信网络中的重要传输介质,具有以下显著的通信特点。

①高带宽、多速率:光纤提供极高的带宽,能够支持大量数据的传输,同时支持多种传输速度,适用于高速网络应用。

②长传输距离:光纤信号衰减小,传输损耗远低于其他传输介质,支持长距离通信。

③抗电磁干扰:光纤不受电磁干扰影响,保证信号的稳定性和安全性,光纤之间串扰小,提高信号的质量和可靠性。

④高安全性:光纤难以被窃听,提供了更高的通信安全保障,保密性强,可用于特殊环境和军事。

⑤适应性强:耐腐蚀和防水适用于极端温度和湿度的恶劣环境;轻量化便于安装和部署;非导电性用于易燃易爆的环境。

光纤与其他传输介质的对比见表1-3-5。

表 1-3-5　光纤与其他传输介质的对比

传输介质		价格	电磁干扰	频带宽度	单段最大长度	传输特点
双绞线	UTP	低	高	低	100 m	成本较低，安装维护简单
	STP	一般	低	中等	100 m	能有效抵抗外界的电磁干扰，安装较 UTP 复杂
同轴电缆		一般	低	高	185～500m	抗干扰能力强，传输距离较双绞线远，但不如光纤
光纤	单模	高	无干扰	极高	几十千米	高传输速率，远传输距离，强抗干扰能力
	多模					

（4）无线传输介质

无线通信是指不依赖物理导线（如双绞线、光纤等）进行数据传输的通信方式。无线通信具有极其重要的意义，它在没有物理连接的情况下进行通信，提供了极大的便利性、移动性、扩展性，大大降低了基础设施的部署成本。随着技术的不断进步，无线通信的传输速率、可靠性和安全性不断提高，5G 移动通信、车联网等新的应用场景持续涌现。

无线传输介质是指在空气（或真空）中利用电磁波发送和接收信号进行通信的物理通道。无线网络通过无线传输介质来传输数据，在无线传输中，数据通过电磁波在空气中传播，从而实现设备之间的通信。电磁波通过频率来区分载体，主要包括无线电波、微波、红外线和可见光等。卫星通信是微波频段的一种典型应用。

微课 04：数据通信基础

2. 数据通信

数据通信是设备之间通过传输介质传输数据的过程，这个过程包括数据的编码、传输、接收和解码。数据通信的快速发展能显著提升数据传输速率，扩大网络的覆盖范围，增强网络的可靠性和稳定性，促进信息的快速流通，构建更广、更高效的通信网络。

（1）数据通信的基本概念

信息是数据、内容和知识在传递、传输和交流过程中的集合体。它包括了以文字、声音、图像、音频、视频等多种形式记录的内容，同时也包括人们通过观察、感知、理解、推理获得的认知、知识和经验。信息是现代社会沟通和知识传播的基础。在计算机内部，信息主要以二进制形式存在。

数据是信息表达的具体形式。信号作为信息的载体，是数据的电磁编码。信号主要分为模拟信号和数字信号。模拟信号是一种连续波形的信号，如电视图像信号、语音信号等，如图 1-3-11a 所示。而数字信号则是由一系列离散值构成的，通常以二进制形式（0 和 1）呈现，因其易于存储、处理和传输，特别适用于数字通信，如计算机数据信号、数字电话信号和数字电视信号等都是数字信号，如图 1-3-11b 所示。模拟信号可以通过采样、量化、编码等方式转换成数字信号，而数字信号也可以通过解码、重建等方式转变为模拟信号。

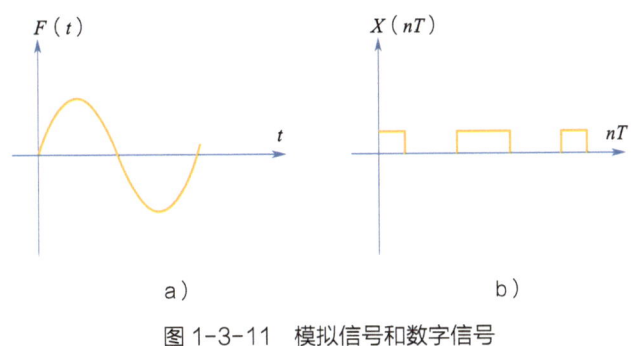

图 1-3-11　模拟信号和数字信号
a）模拟信号　b）数字信号

（2）数据通信系统的组成

数据通信系统是通过传输媒介和设备，将数据终端设备连接起来，实现数据的传输和交换。数据通信系统不仅支持数据传输，还能实现数据的处理、存储和控制，支持各种通信协议和服务质量要求。

一个完整的数据通信系统由以下几个核心组件构成：数据终端设备（DTE）、数据电路终端设备（DCE）、数据传输设备和通信协议。数据终端设备是数据的发送端和接收端，数据电路终端设备是连接数据终端设备和数据传输设备的接口设备，数据传输设备包括通信信道和信号转换设备等，通信协议规定了通信过程中数据的格式和传输控制规则。数据通信系统的模型如图 1-3-12 所示。

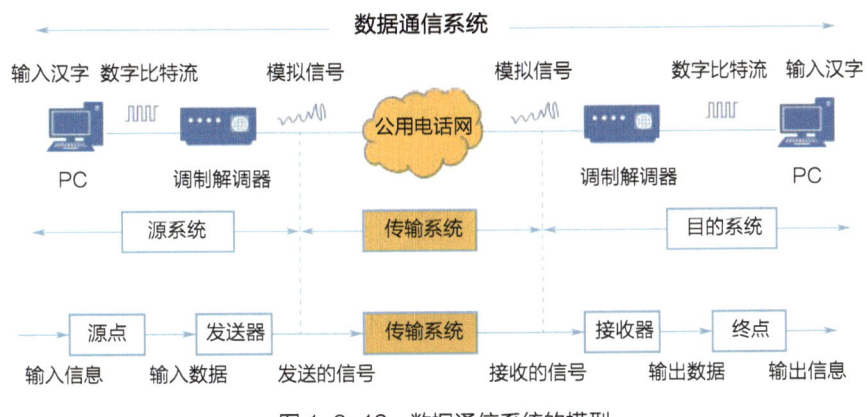

图 1-3-12　数据通信系统的模型

（3）数据传输方式

数据传输是指在通信系统中，将数据从一个位置（发送端）通过传输媒介移动到另一个位置（接收端）的过程。

1）串行传输与并行传输。数据在信道上传输时，按同时使用信道的数量可以分为串行传输和并行传输。

串行传输是指数据是一个比特一个比特依次发送的。在发送端和接收端之间，只需要一条数据传输线路即可。串行传输可以节省传输线路和设备，有利于远距离传输，在计算机网络中，数据在传输线路上的传输采用的是串行传输，如图1-3-13a所示。

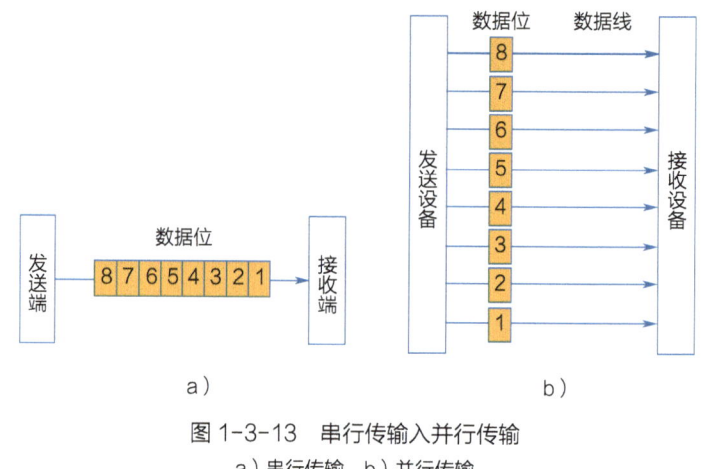

图1-3-13 串行传输入并行传输
a）串行传输 b）并行传输

并行传输是指一次发送 n 个比特，为此在发送端和接收端之间需要有 n 条数据传输线路，如图1-3-13b所示。并行传输的速率高，但传输线路和设备需要成倍增加，一般用于短距离且快速传输的情况。计算机内部的数据传输，常采用并行传输方式。例如，CPU与内存之间通过总线进行数据传输，常见的数据总线有8位、16位、32位和64位。

在计算机中，通常使用8个数据位来表示一个字符。串行传输指的是数据的若干位按顺序一位一位地传送，从发送端到接收端只要一条传输信道。

2）单工、半双工和全双工通信。根据信号在信道上的传输方向和传输时间，数据通信分为单工通信、半双工通信和全双工通信。

单工通信是一种单向通信方式，数据固定地从发送端流向接收端，只有一个数据传输方向，如图1-3-14a所示。单工通信通常用于不需要反馈的场景，如无线电广播、电视信号传输、无线遥控等。

半双工通信又称为双向交替通信。半双工通信允许数据在两个方向上传输，但在同一时间内只能有一个方向的数据传输。也就是说，通信双方可以交替地发送和接收数据，但不能同时进行，如图 1-3-14b 所示。对讲机、早期的无线电话和某些类型的无线网络（如蓝牙）在某些模式下使用半双工通信。

全双工通信，又称为双向同时通信。全双工通信允许数据在两个方向上同时传输，即通信双方可以同时发送和接收数据，如图 1-3-14c 所示。电话系统、以太网、大多数现代无线通信技术（如 Wi-Fi、4G/5G）都使用全双工通信。全双工通信效率高，但结构复杂，成本较高。

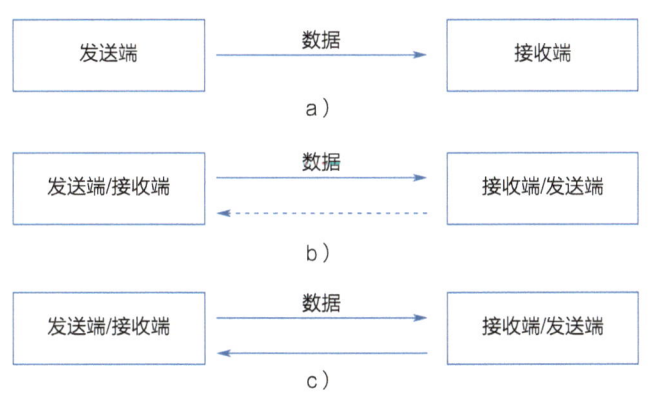

图 1-3-14　单工、半双工和全双工通信
a）单工通信　b）半双工通信　c）全双工通信

3）异步传输和同步传输。根据数据传输时是否需要同步信号来区分，数据传输可分为异步传输和同步传输。

异步传输不依赖于发送方和接收方之间的固定时钟信号，每个字节都独立传输，并在每个字节的开始和结束处添加特殊的起始位和停止位，以便接收方能够识别字符的开始和结束，字节间的间隔时间可以任意变化，如图 1-3-15a 所示。由于每个字符需要额外的起始位和停止位，因此传输速率相对较低，适用于低速通信，如键盘与计算机的通信、串行端口通信等。

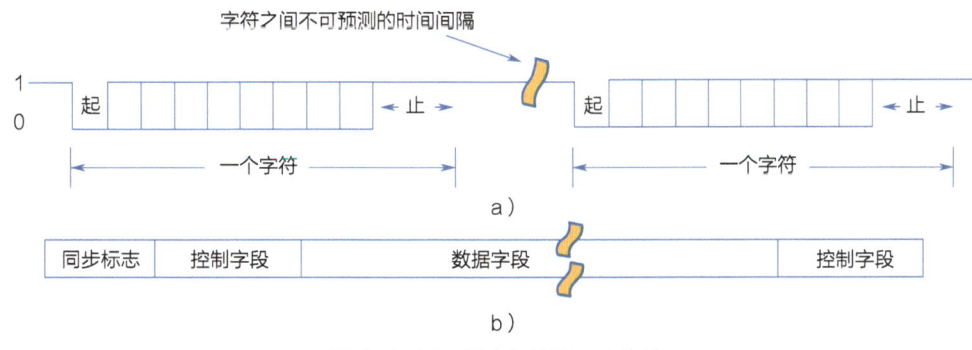

图 1-3-15　异步传输和同步传输
a）异步传输　b）同步传输

同步传输要求数据的发送端和接收端始终保持时钟同步。数据通常以较大的数据块（帧）的形式传输，帧的开始和结束由特定的同步字符或标记来标识。如图1-3-15b所示。同步传输的特点是传输效率高，因为它不需要为每个字符添加起始位和停止位，从而减少了额外的开销。同步传输要求通信双方在发、收时间上必须保持一致，否则，数据传输就会发生丢包或重复读取等错误。同步传输适用于高速通信和对时序要求严格的场景，如以太网、光纤通道等。

4）基带传输和频带传输。在数据通信中，计算机等设备产生的信号是二进制形式（包含1和0两种状态）的数字信号，数字信号在信道中传输的技术分为基带传输和频带传输两类。

基带传输是指将原始的、未经调制的信号直接进行传输的方式。在基带传输中，信号的频谱完全占据了整个传输带宽，无需再调制。基带信号一般为直流或几百赫兹的低频交流信号，广泛应用于家庭电话中声音的传输和计算机等设备中数字信号的传输。

在基带传输中，发送端需要用编码器对数字信号进行编码，然后在接收端由译码器进行解码才能恢复发送端发送的数据。在实际应用中，常采用以下3种编码方法。

①非归零编码：

非归零编码规定用高电平表示1，低电平表示0。这种编码方法在连续传输1或0时缺乏电平跳变，接收方难以确定比特的开始和结束，长时间保持同一电平可能导致信号产生直流分量，影响信号的传输和同步。假设要发送的二进制数据为11001110，则用非归零码编码后如图1-3-16中的"非归零编码"所示。

②曼彻斯特编码：

曼彻斯特编码是一种双相编码技术，通过电平的高低转换来表示1或0。在曼彻斯特编码中，每一位的中间有一个中跳变的动作，由低电平向高电平跳变时代表1，由高电平向低电平跳变时代表0，也可反过来定义，如图1-3-16中的"曼彻斯特编码"所示，这个动作可作为时钟信号，也可作为数据信号。这种编码无需单独的时钟同步信号，在传输过程中能够保持较好的同步性，它抗干扰能力强，适用于信道传输，在局域网中得到广泛应用。

③差分曼彻斯特编码：

差分曼彻斯特编码是一种双相编码技术，它在每个比特周期的中间都有一个电平变化，这个变化用来作为时钟信号。如果比特周期的开始没有电平跳变，则这个比特表示1；如果比特周期的开始有电平跳变，则这个比特表示0，如图1-3-16中的"差分曼彻斯特编码"所示。

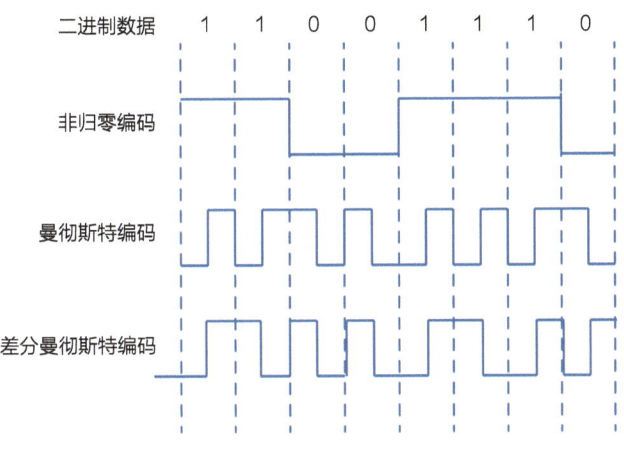

图 1-3-16 常用的数字信号编码方法

频带传输是一种通过调制技术将基带信号从低频转换为高频信号,再将高频信号通过传输媒介和通信系统发送出去的传输方式。频带传输在无线通信、电视广播等现代通信系统中被广泛应用。基带传输和频带传输的特点见表 1-3-6。

表 1-3-6 基带传输和频带传输

传输类型	基带传输	频带传输
优点	设备简单,成本低 无需调制,更高效地利用带宽 传输延迟低,适合快速响应 不涉及频率转换,信号失真小,信号质量高	通过调制更高频,实现长距离通信 允许多个信号在同一物理介质上传输,提高频谱的利用率 抗干扰能力强,可在传输过程放大信号补偿衰减
缺点	信号衰减和干扰,适用于短距离通信 带宽受限于传输介质的特性,不宜传输大量数据 密集布线,易串扰	需要调制和解调过程,设备复杂,且成本较高 占用更宽的带宽,会限制同时传输的信号数量 调制解调过程中会引起信号的失真 高频信号传输和处理需要更多的能量
应用场景	家庭电话、有线网络	无线通信、电视广播

任务 4
认识计算机网络的拓扑结构

任务描述　计算机网络拓扑结构在计算机网络的设计、实施和维护中占据着核心地位，它决定了网络的物理和逻辑布局，影响网络的可靠性和性能，选择合适的拓扑结构对实现高效、可靠和经济的网络至关重要。本任务读者将认识网络的拓扑结构。

任务分析　运用相关知识对拓扑结构类型进行判断，在拓扑结构认知的基础上，学习模拟器的界面，并运用模拟器绘制网络拓扑图。

任务目标
- 掌握拓扑结构的类型及其特点。
- 掌握思科模拟器的基础用法。

任务布置
小组讨论　判断拓扑结构的类型。
活动　绘制实训室的网络拓扑图。

任务实施
小组讨论　判断拓扑结构的类型。
阅读图 1-4-1 所示的某局域网拓扑结构图，思考：
1）该网络属于哪种拓扑结构？这种结构有什么特点？
2）能不能使用其他结构连接，为什么？

答：_____

_____

活动 绘制实训室的网络拓扑图。

观察所在实训室的网络拓扑结构，运用 Cisco Packet Tracer 8.0 思科模拟器制作本实训室的拓扑图（30 台主机、3 台交换机），将草图插入下方，并说说该网络为什么要选用该网络拓扑结构。

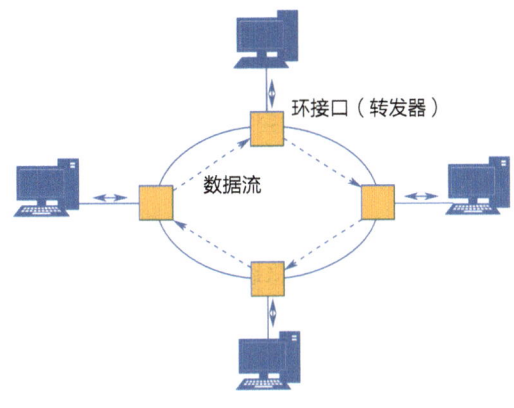

图 1-4-1 网络拓扑结构图

（草图）

答：_____

知识储备

1. 计算机网络拓扑结构

计算机网络拓扑（Computer Network Topology）是指各个设备之间的连接方式。拓扑结构定义了网络的物理布局和逻辑连接，它对网络的性能、可靠性和扩展性有着重要的影响。

微课 05：认识计算机网络的拓扑结构

在拓扑结构中，将网络系统中的各种数据处理设备、数据通信设备和终端设备，如工作站、服务器、交换机、路由器等抽象为点，称为"节点"；将两个节点间的连线即通信线路抽象为线，称为"链路"。由节点和链路构成的抽象结构就是网络拓扑结构。

（1）常见的拓扑结构

计算机网络的拓扑结构主要有总线型拓扑、星形拓扑、环形拓扑、树形拓扑、网状拓扑和混合型拓扑。

1）总线型拓扑。在总线型拓扑结构中，所有网络节点共享总线的带宽，如

图1-4-2所示。当数据信号在总线上传输时，所有连接到总线的节点都能接收到这些信号，目标节点会识别出发送给自己的数据包，其他节点则忽略掉这些数据包。总线型拓扑的典型应用是早期的以太网，使用同轴电缆作为总线。

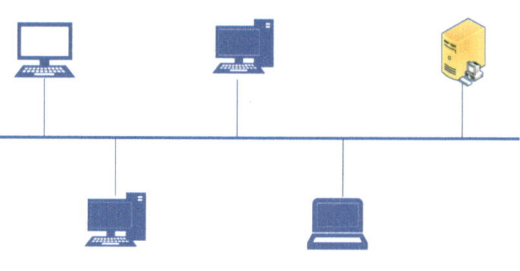

图1-4-2 总线型拓扑结构

总线型拓扑结构简单、易于布线与维护、便于网络扩展、价格相对较低、信道利用率高。但是由于单信道的限制，通信范围受限，当总线型网络上的节点越多时，网络发送和接收数据的速率就越慢，故障诊断和隔离较困难，总线一旦出现故障，整个网络将瘫痪。

2）星形拓扑。在星形拓扑结构中，所有节点都连接到一个中心节点，可以是集线器、交换机或路由器，这个中心节点负责管理和转发网络中的数据，如图1-4-3所示。星形拓扑适用于各种规模的网络，从小型办公室网络到大型企业网络。

星形拓扑结构的特点是结构简单、组网容易，扩展性强，便于控制和管理，网络延迟小，传输误差低，每个节点直接连到中央节点，故障容易检测和隔离。其缺点是安装和维护的成本高，共享资源的能力差，通信线路利用率不高，中心节点负荷较重，一旦出现故障，整个网络将瘫痪。

3）环形拓扑。在环形拓扑结构中，每个网络节点都与另外两个节点相连，形成一个闭合的环形线路，数据沿着这个环单向或双向传输，如图1-4-4所示。数据在环中从一个节点传输到下一个节点，直到到达目标节点，每个节点都负责接收和转发数据。环形拓扑适用于某些特定的应用，如令牌环网络（Token Ring）。

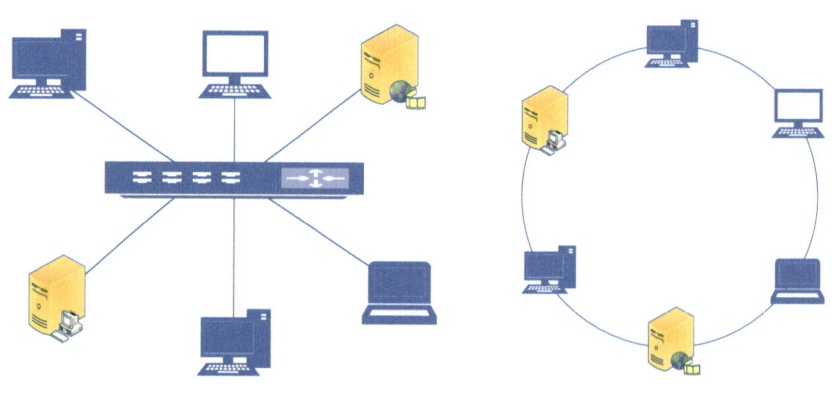

图1-4-3 星形拓扑结构　　　　　图1-4-4 环形拓扑结构

环形拓扑结构简单，组网容易，便于管理。但是在环中添加或移除节点比较困难，需要重新配置环中的所有节点，若环中某个节点或链路出现故障，检测较复杂，数据无法绕过故障点时,整个网络就会瘫痪。

4)树形拓扑。树形拓扑结构是计算机网络中的一种层次结构,是星形拓扑的扩展,它将多级星形网络按层次方式排列,形成树形网络,如图 1-4-5 所示。树形拓扑由多个层次组成,每个层次可以包含多个节点。通常树的根是中心节点,通常是集线器、交换机或路由器,而分支则是连接到中心节点的各个子节点。信息交换主要在上、下层节点之间进行,相邻及同层节点之间一般不进行数据交换。树形拓扑结构适用于各种规模的网络。

树形拓扑易于扩展,组网灵活,故障诊断和隔离较容易。但越靠近中心节点,数据的处理能力和可靠性要求越高,数据传输速率和信号衰减会受到网络层次结构的影响,由于对顶部节点的依赖性太大,如果顶部节点发生故障,则全网不能正常工作。

5)网状拓扑。在网状拓扑结构中,每个节点都与其他节点任意相连,形成多条路径。如图 1-4-6 所示。网状拓扑具有高可靠性、高冗余性、多路径路由、高度灵活性等特点。但结构复杂,线路成本高,不易管理和维护,如果设置不当,可能会造成广播风暴。网状拓扑结构适用于需要高可靠性和冗余性的场合,如军事、科研、大规模互联网骨干网等。

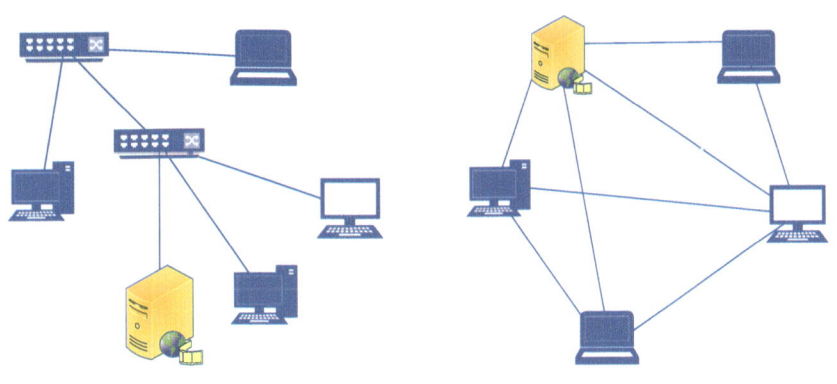

图 1-4-5 树形拓扑结构　　　　图 1-4-6 网状拓扑结构

2.Cisco Packet Tracer 8.0 思科模拟器

Cisco Packet Tracer 是由 Cisco 公司发布的一款功能强大的网络仿真程序,也是一个辅助学习工具,为学习思科网络课程的初学者提供了设计、配置、排除网络故障的网络模拟环境。

它通常用于网络工程和计算机网络课程中,帮助学生通过实践加深对课程内容的理解。它也是一种理想的教学工具,可在教室或远程学习环境中使用。其优势如下:

1)支持多种网络协议,包括 TCP、IP、UDP、HTTP、FTP 等,使用户能够学习和实践网络通信的各个方面。

2）模拟多种网络设备，如路由器、交换机、服务器等，这些设备的模拟行为类似于它们在真实网络中的行为。

3）用户可以在软件的图形用户界面上直接使用拖拽方法建立网络拓扑，模拟真实的网络环境。能够详细展示数据包在网络中的行进过程，帮助用户观察网络的实时运行情况。

（1）安装 Cisco Packet Tracer 8.0 思科模拟器

1）解压"Cisco Pack.rar"安装包，解压后双击".exe"自动安装，如图 1-4-7 所示。

2）安装完成后自动启动界面，弹出"Would you like to run multi-user when application starts?"，询问是否运行多用户模式，单击"Yes"按钮，确定进入 Cisco Packet Tracer 界面，如图 1-4-8 所示。

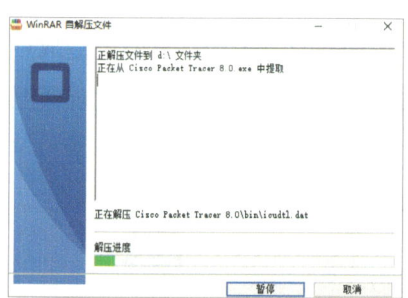
图 1-4-7 解压与安装

图 1-4-8 安装完成，进入 Cisco Packet Tracer 界面

3）Cisco Packet Tracer 8.0 的汉化。在桌面右击选择"属性"，查看安装路径，打开安装路径，找到"languages"文件夹，将汉化包"Chinese.ptl"复制并粘贴到文件夹下。打开 Cisco Packet Tracer 8.0 中菜单栏的"Options"→"Preferences..."，选择"Interface"→"Select Language"，选择汉化包，单击"Change Language"，重新启动即可汉化成功，如图 1-4-9 所示。

（2）Cisco Packet Tracer 8.0 思科模拟器界面介绍

思科模拟器界面主要由菜单栏、工具栏、工作区、网络设备选择区等部分组成，如图 1-4-10 所示。

菜单栏 文件 编辑 选项 查看：包含文件、编辑、选项等菜单。

工具栏：提供选择、移动、备注、删除、查看、绘制多边形、添加数据包等工具。

工作区：中央白色区域是工作区，用于创建网络拓扑结构，查看模拟网络中的数据。

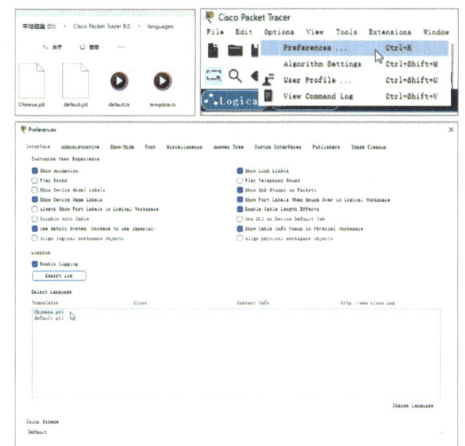

图 1-4-9　Cisco Packet Tracer 8.0 的汉化

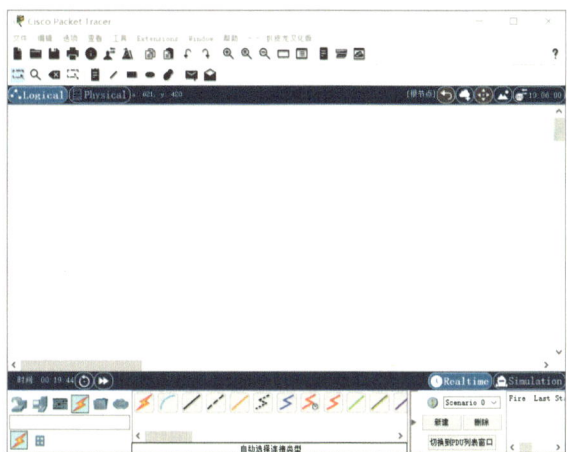

图 1-4-10　思科模拟器界面

逻辑和物理模式工作区 ：逻辑工作区用于完成网络设备的逻辑连接和配置，物理工作区模拟真实的设备、办公室等。

实时 / 模拟模式 ：实时模式为默认模式，模拟模式用于数据包的传输过程。

网络设备库 ：提供不同类型和不同型号的网络设备，如路由器、终端设备、传输介质、交换机等。

用户数据包窗格 ：用于管理数据包，添加、删除、查看数据包信息。

使用方法：

设备拖拽：将设备从设备库中拖拽到工作区，通过单击连接线将设备连接起来。

参数设置：双击设备即可打开对应的属性窗口。可通过菜单栏的"Option"→"Preferences"打开参数选择对话框，进行重要的选项设置。

任务 5
认识网络体系结构

任务描述 　网络体系结构是构建和理解整个网络的通信基础,它为不同厂商的设备和软件提供了一套标准框架,通过本任务,读者将了解网络体系结构,了解各功能层的相关工作。

任务分析 　网络体系结构对于用户是一个抽象的结构,通过 HTTP 流量分析可以清晰地看到参考模型中描述的各层的信息,直观地将各层的工作展示出来。

任务目标
- 了解网络体系结构。
- 掌握 OSI 参考模型的各层功能及工作原理。
- 掌握 TCP/IP 功能模型的工作原理。

任务布置 　活动 1　在 Packet Tracer 中创建拓扑结构,并按要求配置设备。
　　　　　活动 2　抓取数据包,分析数据包的组成。

任务实施 　活动 1　在 Packet Tracer 中创建拓扑结构,并按要求配置设备。

1)在模拟器中按图 1-5-1 所示连接设备。双击设备,打开设备配置窗口,选择"Desktop"

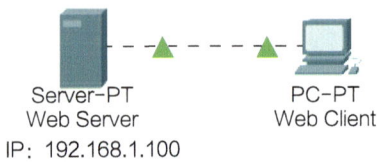

图 1-5-1　拓扑图

中的"IP Configuration",设置静态(Static)IPv4 地址,设置 Web Client 的 IP (192.168.1.×××),设置 Web Server 的 IP 地址为 192.168.1.100,如图 1-5-2 所示。

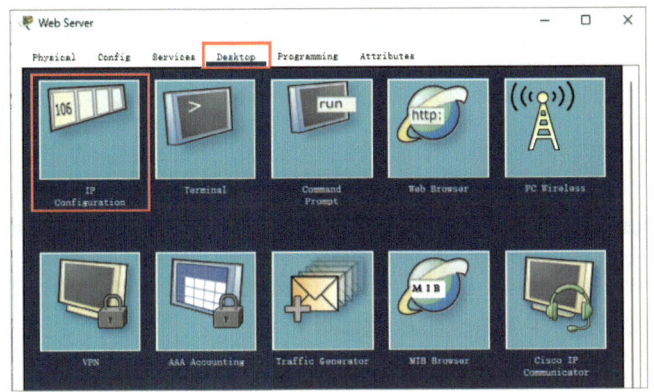
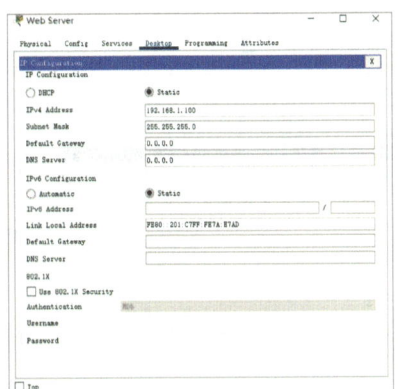

图 1-5-2　为设备配置 IP 地址

2)启动 Web Server 服务器的 HTTP 服务,如图 1-5-3 所示。

3)打开 Web Client 中浏览器图标,在地址栏中输入"192.168.1.100"(即服务器的 IP 地址),成功访问 HTTP 服务器,如图 1-5-4 所示。

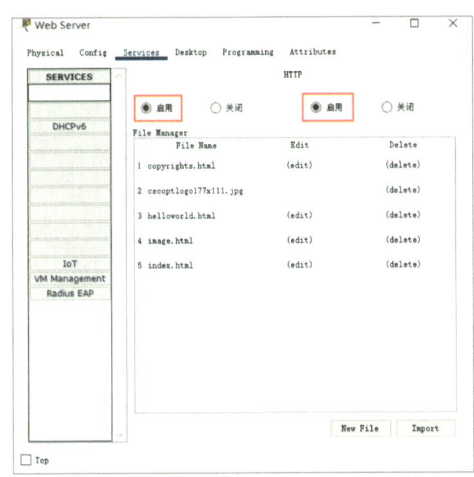
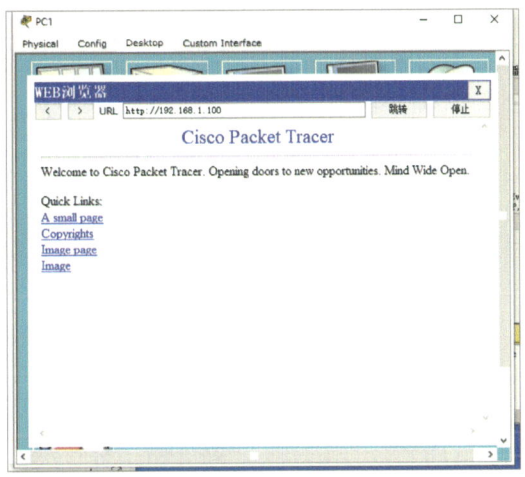

图 1-5-3　启动 HTTP 服务　　　　图 1-5-4　Web Client 成功访问 HTTP 服务器

活动 2　抓取数据包,分析数据包的组成。

步骤 1　从实时模式切换到模拟模式。Packet Tracer 界面的右下角有一个能够切换实时模式与模拟模式的按钮。

步骤 2　生成 Web(HTTP)流量。重新打开 Web Client 的浏览器,访问 Web Server 的 HTTP 服务器,单击播放按钮可以逐步查看网络事件,数据包显示为动态信封图标,如图 1-5-5 所示。

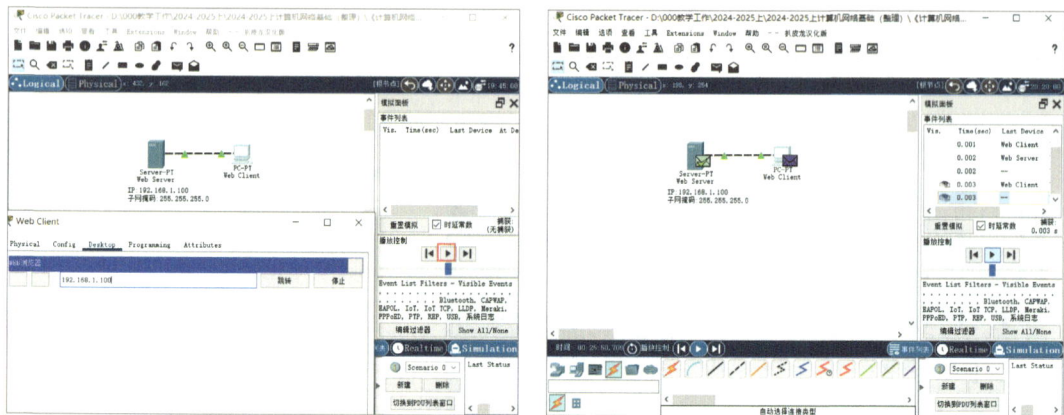

图 1-5-5 访问 HTTP 服务器查看网络事件

步骤 3　查看 PDU 详细信息。在事件列表中双击某一条事件信息，即可看到 PDU 信息，从 PDU 中可以看到 OSI 参考模型各层的数据：物理层的端口信息、数据链路层的 MAC 地址信息、网络层的源和目的地址、传输层的服务端口等，如图 1-5-6 所示。

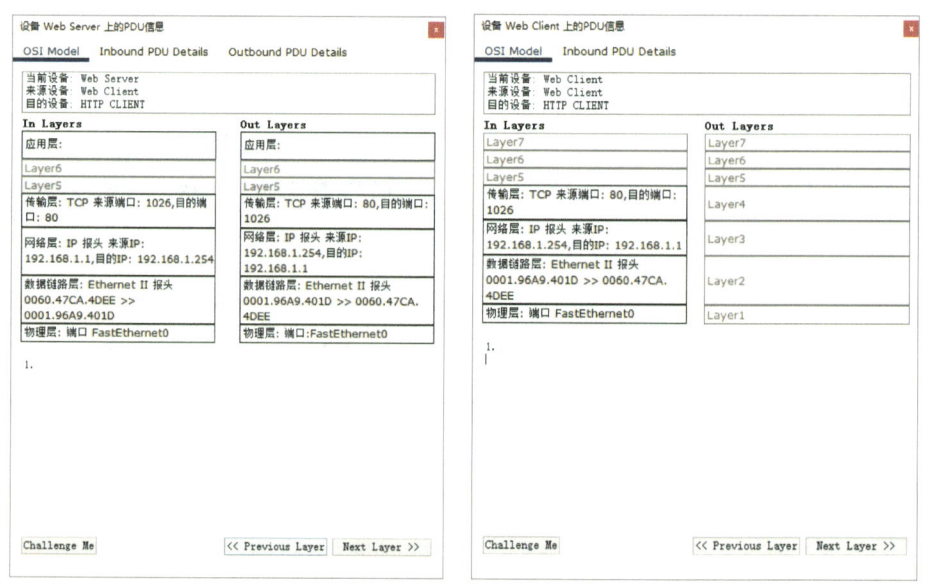

图 1-5-6　查看 PDU 详细信息

知识储备

1. 网络体系结构简介

网络体系结构是网络中数据传输和通信的组织结构和框架，是网络各层及其协议的集合。网络体系结构将计算机互联的功能划分成具有明确

微课 06：认识计算机网络的体系结构

定义的层次，它规定了不同层次实体之间的通信协议和相邻层次之间的接口服务。这样的分层为网络通信提供了通用的办法，确保了系统和设备能够有效交换信息。

（1）分层设计

分层设计是将网络通信的复杂功能分解成若干功能层的方法，每一层都负责一组特定的功能，并且每一层都通过定义好的接口与相邻层交互，不同设备之间通过通信协议进行信息传递。分层设计的优势如下：

1）模块化与独立性：网络的分层设计允许每一层专注于其特定的功能，实现模块化，使得各层协议可以独立开发和测试，而不会受到其他层的影响。

2）封装与抽象：每一层向其上层提供服务的同时，隐藏了内部实现的细节，这样上层应用就无需了解下层的具体操作，从而实现了功能的抽象。

3）接口定义与协议遵循：层与层之间的通信通过明确定义的接口进行，这些接口规定了数据交换的格式和方法，网络通常遵循特定的协议栈（如 TCP/IP 或 OSI 模型），以确保不同层之间的有效交互。

4）服务依赖与灵活性：每一层都依赖下一层提供的服务，同时向上一层提供服务，形成了一个服务依赖链。这种设计提高了网络的灵活性和可扩展性，允许在不影响其他层的情况下对某一层进行修改或升级。此外，分层设计还促进了标准化，简化了故障诊断和修复。

（2）网络协议

网络协议（Network Protocol）是一组规则和约定，定义了网络中的设备如何相互通信和交换数据。想要让两台设备进行通信，必须采用相同的信息交换规则。网络协议由三大核心要素构成，它们共同保障了计算机网络中数据交换的准确性和有效性。

语法：定义了用户数据与控制信息的结构与格式，包括数据的编码规则、命令格式、响应格式等，如 IP 地址的格式、HTTP 请求的头部等。

语义：定义了数据和控制信息的含义，如 TCP 连接建立的三次握手过程。

时序：定义了事件和消息交换的顺序及时间限制，如数据传输的速率、连接的超时时间、重传机制等。

2.OSI 参考模型

开放系统互连（Open Systems Interconnection，OSI）参考模型是用于标准化网络的通信模型，它是由国际标准化组织（International Standardization Organization，ISO）在 1984 年提出的，旨在不需要改变不同系统的软硬件逻辑结构的前提下为不同计算机系统或网络之间的互连提供一个共同的框架。OSI 参考模型是厂商在设计硬件和软件时必须遵循的通信准则。

（1）OSI 参考模型的层次结构

OSI 参考模型将复杂的网络通信过程分为七个层次，从下到上为物理层、数据链路层、网络层、传输层、会话层、表示层和应用层，OSI 七层模型如图 1-5-7 所示。

1）物理层。物理层是 OSI 参考模型的最底层，主要为通信提供物理链路，负责在网络介质上透明地传输比特流。该层从数据链路层接收完整的帧，将这些帧编码为一系列的电信号、光信号或无线电波信号，这些信号代表每个帧中的比特，然后通过传输介质发送到中间设备和终端设备上，如图 1-5-8 所示。

图 1-5-7　OSI 七层模型

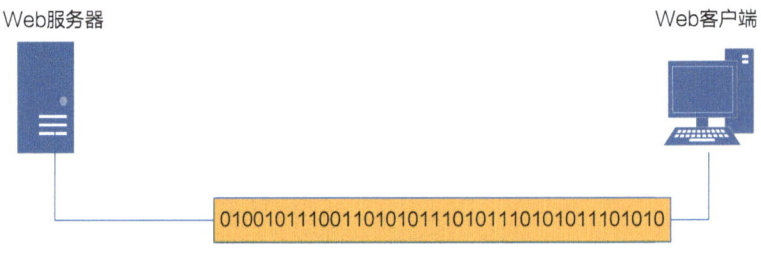

图 1-5-8　比特流在物理层中传输

2）数据链路层。数据链路层是 OSI 参考模型的第 2 层，其作用主要是负责将由网络层传来的数据封装成数据帧（Frame），并处理帧的传输，包括链路管理、帧同步、差错控制、流量控制和寻址，保证帧在计算机之间进行无差错传输。

数据链路层分为 MAC 和 LLC 两个子层。MAC（介质访问控制）子层的功能包括数据的封装、拆封和介质访问控制，提供数据链路层编址，与各种物理层技术集成；LLC（逻辑链路层控制）子层负责在上层的网络软件和下层的设备硬件之间进行通信，把信息放入帧中，以确定帧使用的网络层协议，如图 1-5-9 所示。

工作在数据链路层的设备包括二层交换机、网桥等。此外，网卡既工作在物理层，也工作在数据链路层，负责传输介质之间的物理连接，帧的发送与接收、封装与拆封等。

3）网络层。网络层是 OSI 参考模型的第 3 层，提供终端设备跨网络交换数据的服务，传输单位是分组或数据包（Packet）。网络层有两个主要的通信协议是 IP 版本 4（IPv4）和 IP 版本 6（IPv6），其他协议还有路由协议（如 OSPF）和消息传递协议（如

ICMP）等。

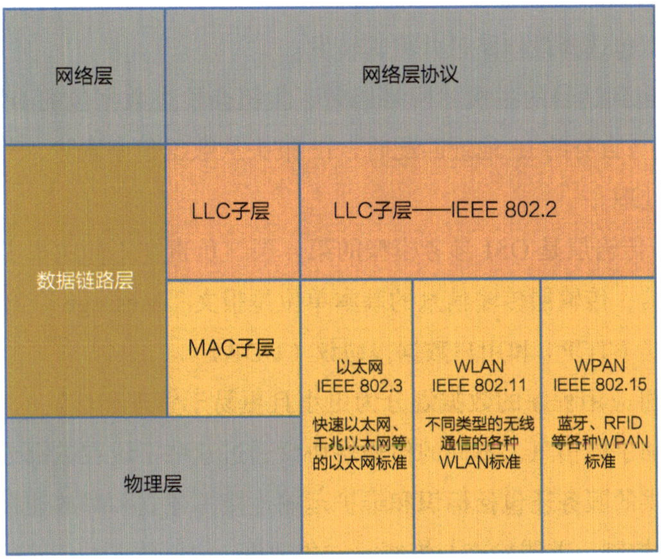

图 1-5-9 数据链路层中的 MAC 和 LLC 子层

网络层的主要功能包括路由选择、逻辑地址分配、流量与拥塞控制等。路由选择是选择数据包从源到目的地的最佳路径，负责在网络中转发数据包，运行路由协议，维护和更新路由信息；逻辑地址分配是为网络上的设备分配逻辑地址（如 IP 地址），以便在设备间通信；流量和拥塞控制是控制数据包的发送速率以匹配接收方处理数据的能力，监控网络中的拥塞情况并采取措施，以减少或避免数据包丢失。

为了实现跨网络的端到端通信，网络层协议执行 4 个基本操作：

终端设备编址：为每个终端设备配置唯一的 IP 地址，以便在网络传输过程中进行识别。

封装：网络层的源主机端将来自传输层的协议数据单元封装到数据包中，封装过程中会添加 IP 报头信息。网络层封装传输层的数据单元来创建 IP 数据包，如图 1-5-10 所示。

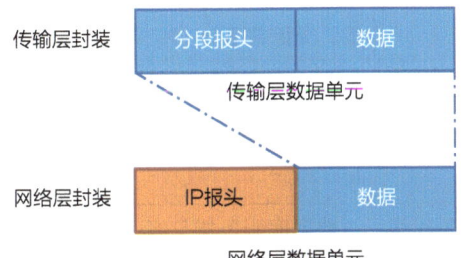

图 1-5-10 网络层封装传输层的数据单元

路由：网络层提供路由服务，将数据包转发至另一个网络上的目的主机。IP 数据包在传输过程中，会被第 3 层设备（如路由器、第 3 层交换机）检查 IP 报头，以读取其目的地址，为数据包选择最佳路径并将其转发。

解封：数据包到达目的主机的网络层时，主机会检查数据包的 IP 报头，如果报头中的目的 IP 地址与自身的 IP 地址匹配时，IP 报头从数据包中删除，并将数据传递到上层的传输层继续处理。

4）传输层。传输层是 OSI 参考模型的第 4 层，负责在不同主机上运行的应用程序之间进行逻辑通信，传输层传输信息的基本单位是报文（Message）。传输层包括两个协议：传输控制协议（TCP）和用户数据报协议（UDP）。

传输层负责将应用程序的数据划分为更小且更易于管理和传输的块（数据段），并为这些数据段添加字段信息，不同的传输层协议通过这些字段在数据通信时执行不同的功能。传输层提供的服务还包括标识和维护运输连接（建立和释放连接，以及选择服务质量），提供流量控制，差错检查与恢复，常规数据/加急数据的传输等。

5）会话层。会话层是 OSI 参考模型的第 5 层，主要负责在网络中的两个通信设备之间建立、管理和终止会话。会话层的功能是创建并维护源应用程序和目的应用程序之间的对话；处理信息交换，发起对话并使其处于活动状态，并在对话中断或长时间处于空闲状态时重启会话。

6）表示层。表示层是屏蔽不同计算机在信息表示方面的差异，表示层具有 3 个主要功能：将来自源设备的数据格式化或表示成兼容形式，以便目的设备接收；采用可被目的设备解压缩的方式对数据进行压缩；加密要传输的数据并在收到数据时解密数据。

7）应用层。OSI 参考模型的顶端是应用层。应用层为网络用户和应用程序提供各种服务，也是最终用户应用程序访问网络服务的地方。

OSI 参考模型层次结构及功能见表 1-5-1。

表 1-5-1　OSI 参考模型层次结构及功能

各层名称	功能	应用举例	传输单位	主要设备
第 7 层：应用层	处理应用程序之间的通信	收发邮件、文件传输、资源共享等	应用层协议数据单元（APDU）	—
第 6 层：表示层	确定数据的表示形式	编码形式，如 ASCII 码、图形格式 JPEG 等	表示层协议数据单元（PPDU）	—
第 5 层：会话层	两端应用程序间建立连接或会话	数据库服务器与客户端通信	会话层协议数据单元（SPDU）	—

（续）

各层名称	功能	应用举例	传输单位	主要设备
第4层：传输层	为两端应用程序间提供通信	TCP、UDP	数据段（Segment）	—
第3层：网络层	逻辑寻址和路径选择及逻辑路由	IPv4、IPv6	数据包（Packet）	路由器、3层交换机、网关
第2层：数据链路层	物理寻址和对网卡的控制	IEEE 802.2/ 802.3 等	数据帧（Frame）	2层交换机、网桥
第1层：物理层	以二进制位流形式传输数据	ISO、EIS/TIA、ITU-T、ANSI、IEEE	比特流（bit）	中继器、集线器、网卡

（2）OSI参考模型中的数据传输过程

在网络通信过程中，为了确保数据能够被顺利、准确地传送到目的地，需要OSI参考模型的各层对数据进行相应处理。下面以主机A向主机B传输数据为例。数据从源主机A发送时，OSI参考模型的各层由上至下对数据进行封装，如图1-5-11左半部分所示。当经过层层封装的数据到达物理层时变成比特流在传输介质中开始传输，经过网络设备时，网络设备会读取OSI网络层以下的数据，以查看数据的目的地址，选择最优路径并转发至下一个节点，如图1-5-12所示。当数据通过传输介质传输到主机B后，主机B的每一层再对数据进行相应的处理（自下而上的解封），如图1-5-11右半部分所示，把信息头或尾去掉，最后还原成实际的数据。

动画01：OSI模型的数据流

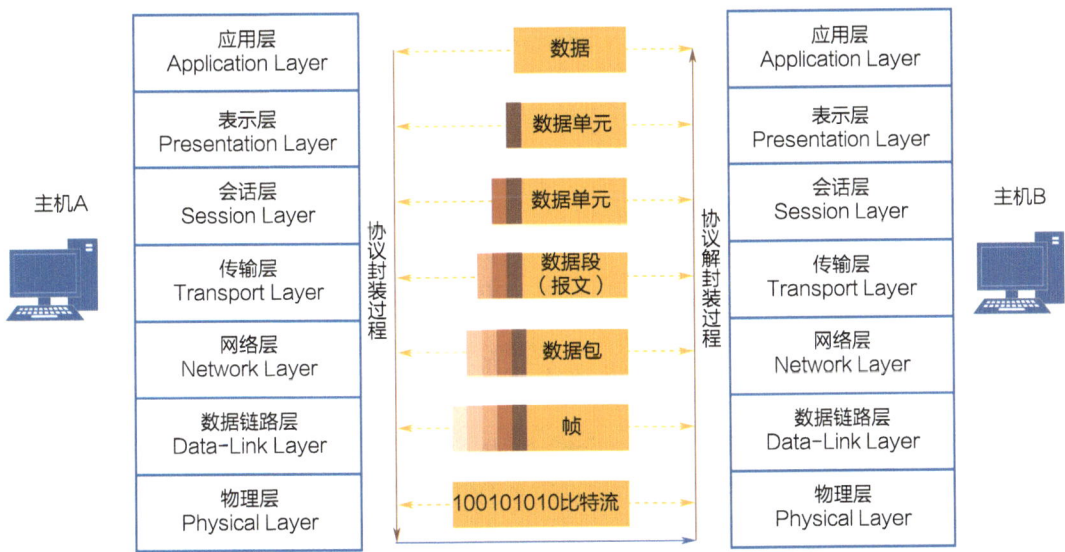

图1-5-11　数据自上而下的封装

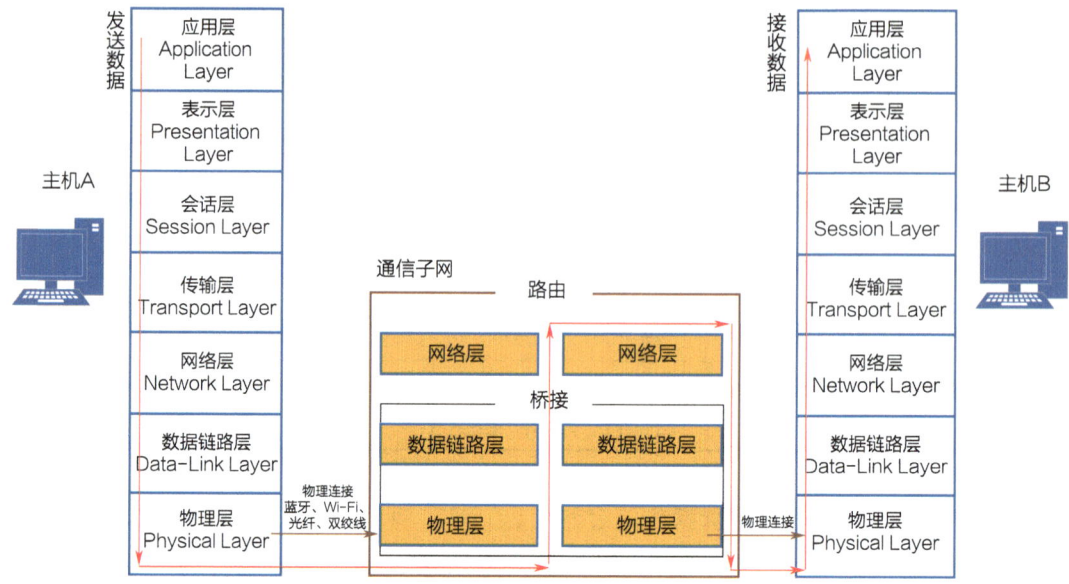

图 1-5-12　在 OSI 参考模型中主机 A 向主机 B 传输数据

3. TCP/IP 模型

OSI 参考模型是国际标准，但是它层次多，结构复杂。目前用于网络通信的是 TCP/IP 模型，它与特定的协议簇结构紧密配合，描述了 TCP/IP 协议簇中每个协议层实现的功能，因此属于协议模型。

TCP/IP 模型包含 4 个功能层，由下往上依次为：网络接口层、网际层、传输层和应用层，每一层负责不同的通信功能。OSI 参考模型和 TCP/IP 模型的分层对应关系，如图 1-5-13 所示。

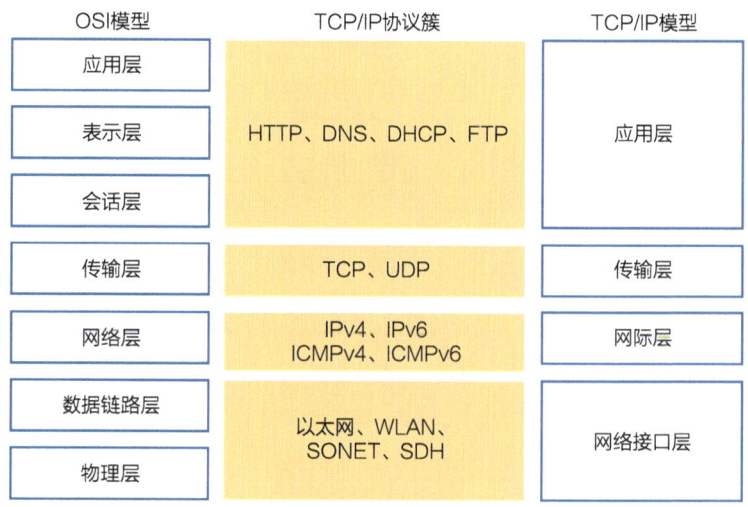

图 1-5-13　OSI 参考模型和 TCP/IP 模型的分层对应关系

(1)网络接口层

网络接口层是 TCP/IP 模型的最底层,用于控制组成网络的硬件设备和传输介质,负责从网际层接收 IP 数据包并通过传输介质传输出去,同时接收传输介质传输来的比特流,解封之后传递给网际层。TCP/IP 包括以太网、WLAN、SONET、SDH、令牌环网、FDDI 网、ISDN 和 X.25 等多种协议。

(2)网际层

网际层与 OSI 参考模型中的网络层相当,用于确定通过网络的最佳路径(即路由选择),其功能主要包括 3 个方面:一是处理来自传输层的分组发送请求,为分组添加 IP 报头,选择去往目的节点的路径,将数据包发往网络接口;处理输入的数据包,若数据包已到达目的节点,则去掉报头,若未到达目的节点,则进行转发;处理 ICMP 报文,处理网络的路由选择、流量控制和拥塞控制等问题。

网际层的主要协议有 4 个:网际协议(IP)、地址解析协议(ARP)、反向地址解析协议(RARP)和网际控制报文协议(ICMP),其中最核心的是 IP。网际层协议及功能见表 1-5-2。

表 1-5-2 网际层协议及功能

协议名称	功能
IP	负责将 IP 数据报从源主机通过最佳路径转发到目标主机
ARP	负责将网络中的 IP 地址解析和转换成计算机的物理地址,以便于物理设备(如网卡)接收数据
RARP	该协议的作用与 ARP 的作用相反,它主要负责将设备的物理地址解析和转换成 IP 地址
ICMP	负责发送和传递包含控制信息的数据报

(3)传输层

传输层支持各种设备之间通过不同网络进行通信。传输层提供了两个传输层协议:传输控制协议(TCP)和用户数据报协议(UDP)。

TCP 提供可靠的、面向连接的服务。在数据传输开始之前,必须在两端之间建立连接,即"三次握手"。若数据包在传输过程中丢失或损坏,TCP 会重新发送数据包直到所有数据被正确接收,适用于可靠传输的应用,如网页浏览(HTTP)、文件传输(FTP)、电子邮件(SMTP)等。

UDP 提供不可靠的、无连接的服务。数据传输时,不预先建立连接,每个数据包独立发送。如果数据包丢失或损坏,UDP 不会重新发送。UDP 适用于对速度要求高、允许一定丢包率的应用,如在线游戏、实时视频会议等。

（4）应用层

应用层位于 TCP/IP 模型的最高层，向用户提供数据，并处理编码和对话控制。在通信会话过程中，源设备和目的设备均使用应用层协议，为确保通信畅通，源主机和目的主机上所使用的应用层协议必须一致，TCP/IP 的应用层协议指定了许多常见互联网通信功能必需的格式和控制信息，TCP/IP 的应用层协议见表 1-5-3。

表 1-5-3 TCP/IP 的应用层协议

协议名称	服务端口	描述
DNS	TCP，UDP 客户端 53	域名系统（或服务），将域名转换为 IP 地址
FTP	TCP 20 至 21	文件传输协议，允许用户从一台主机向另一台主机传输文件，FTP 是一种可靠的、面向连接且进行确认的文件传输协议
DHCP	UDP 客户端 68，服务器 67	动态主机配置协议，自动分配网络配置参数（如 IP 地址、子网掩码、默认网关、DNS 等）给网络中的设备
HTTP	TCP 80, 8080	超文本传输协议，是一种用于分布式、协作式、超媒体信息系统的网络协议。它是万维网（World Wide Web）上应用最广泛的协议之一，用于定义浏览器（客户端）和服务器之间请求和响应消息的格式
SMTP	TCP 25	简单邮件传输协议，用于客户端向邮件服务器发送电子邮件的协议
POP3	TCP 110	邮局协议，允许客户端从邮件服务器检索电子邮件，并将电子邮件下载到客户端的本地邮件应用程序
IMAP	TCP 143	互联网消息访问协议，允许客户端访问存储在邮件服务器中的电子邮件，并在服务器上维护电子邮件
Telnet	TCP 23	远程登录协议，允许用户远程管理和配置网络设备
SSH	默认端口 22	安全壳协议，它通过加密和认证机制来实现安全的远程登录、文件传输和命令执行

TCP/IP 通信过程如图 1-5-14 所示。数据从 Web 服务器的应用层发出，由应用层到

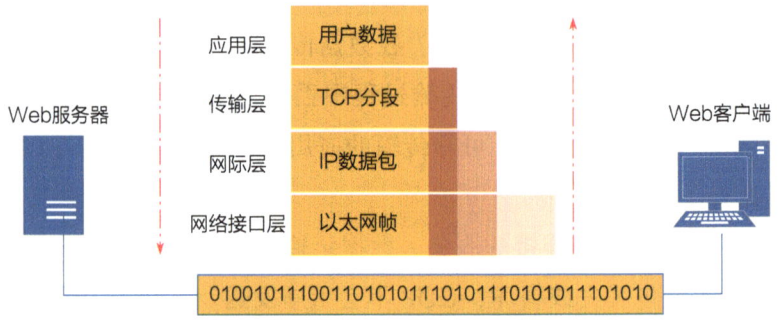

图 1-5-14 TCP/IP 通信过程

网络接口层自上而下对数据进行封装，通过传输介质将数据传输出去，到 Web 客户端时对数据依次解封，完成数据传输。

项目小结

本项目深入掌握计算机网络的基础概念与核心功能，探索计算机网络的演变历程及其未来趋势。通过学习，读者详细了解网络的构成要素、分类方法、传输介质，并掌握网络体系结构的基本原理。此外，还学习了计算机和移动设备如何接入互联网，以及它们在网络中的交互方式。

实战强化

一、单项选择题

1. 计算机网络最显著的优势是（　　）。
   A. 提高可靠性　　　　　　　　B. 提高计算机的存储容量
   C. 运算速度快　　　　　　　　D. 实现资源共享和快速通信

2. 因特网的前身是（　　）。
   A. ARPANET　　　　　　　　　B. 以太网
   C. 令牌环网　　　　　　　　　D. Internet

3. 计算机网络主要由通信子网和资源子网构成，下列属于通信子网的是（　　）。
   （1）网桥　（2）交换机　（3）计算机软件　（4）路由器
   A.（1）（2）（4）　　　　　　B.（2）（3）（4）
   C.（1）(3）（4）　　　　　　　D.（1）（2）（3）

4. 在分布处理的计算机网络环境中，当任务被较均匀地分配给网络中的各台计算机时，这种处理方式被称为（　　）。
   A. 资源共享　　　　　　　　　B. 数据通信
   C. 分布式处理　　　　　　　　D. 负载均衡

5. 用户上网需要借助因特网服务提供商，其英文缩写是（　　）。
   A. IDC　　　　　　　　　　　B. ICP
   C. ASP　　　　　　　　　　　D. ISP

6. 计算机网络技术最初是因（　　）领域的发展需求而诞生的。
   A. 军事通信　　　　　　　　　B. 商业贸易
   C. 学术研究　　　　　　　　　D. 娱乐休闲

7. 计算机网络主要由（　　）两大部分组成。
   A. 网络硬件和网络软件　　　　B. 网卡和网线
   C. 计算机和服务器　　　　　　D. 网线和交换机

8. 以下是计算机的主要存储设备的是（　　）。
   A. RAM　　　　　　　　　　　B. CPU
   C. 硬盘　　　　　　　　　　　D. 显卡

9. 计算机系统通常包括（　　）。
   A. 硬件系统和网络系统　　　　B. 硬件系统和软件系统
   C. 网络系统和操作系统　　　　D. 网络系统和数据库系统

10. 以下不属于网络操作系统的是（　　）。
    A. UNIX　　　　　　　　　　B. Linux
    C. WWW　　　　　　　　　　D. Netware

11. 下列不是计算机网络硬件系统的组成部分的是（　　）。
    A. 网络服务器　　　　　　　　B. 网络工作站
    C. 网络操作系统　　　　　　　D. 传输介质

12. 以下网络根据覆盖范围分类的是（　　）。
    A. 局域网　　　　　　　　　　B. 有线网
    C. 无线网　　　　　　　　　　D. 点对点式

13. 下列链路中，传播时延最大的是（　　）。
    A. 广域网链路　　　　　　　　B. 城域网链路
    C. 局域网链路　　　　　　　　D. 同步卫星链路

14. 计算机网络被划分为 LAN、MAN、WAN 的根据是（　　）。
    A. 覆盖范围　　　　　　　　　B. 网络结构
    C. 传输带宽　　　　　　　　　D. 传输介质

15. 以下关于计算机网络的分类，说法错误的是（　　）。
    A. 按通信传输介质划分：有线网和无线网
    B. 按网络拓扑结构划分：有总线型、环形、星形和树形等
    C. 按传送数据所用的结构和技术划分：有资源子网、通信子网
    D. 按网络覆盖范围和计算机间的连接距离划分：有局域网、城域网、广域网

16. 以下传输介质中，传输速度最快的是（　　）。
    A. 铜质电线　　　　　　　　　B. 同轴电缆
    C. 网线　　　　　　　　　　　D. 光纤

17. 不属于无线局域网传输介质的是（   ）。

   A. 无线电波 　　　　　　　　　B. 红外线

   C. 微波 　　　　　　　　　　　D. 光纤

18. 1000Base-T 标准使用五类非屏蔽双绞线，其最大传输距离为（   ）。

   A. 550m 　　　　　　　　　　　B. 100m

   C. 3000m 　　　　　　　　　　 D. 300m

19. 某气象台位于高山之巅，周围环境恶劣，需要在短期内接入因特网。现需选择连接山上与山下节点的传输介质，合适的选择是（   ）。

   A. 无线传输 　　　　　　　　　B. 光缆

   C. 双绞线 　　　　　　　　　　D. 同轴电缆

20. 当数据被编码为光脉冲时，应选用的传输介质是（   ）。

   A. 红外线 　　　　　　　　　　B. 无线电波

   C. 光缆 　　　　　　　　　　　D. 铜缆

21. OSI 参考模型中，位于第 4 层的是（   ）。

   A. 物理层 　　　　　　　　　　B. 数据链路层

   C. 传输层 　　　　　　　　　　D. 应用层

22. 在物理层中，数据信息的传输单位是（   ）。

   A. 数据段 　　　　　　　　　　B. 数据包

   C. 数据帧 　　　　　　　　　　D. 比特流

23. 在数据链路层中，数据信息的传输单位是（   ）。

   A. 数据段　　B. 数据包　　C. 数据帧　　D. 比特流

24. 路由选择协议位于（   ）。

   A. 物理层　　B. 数据链路层　　C. 网络层　　D. 应用层

25. OSI 物理层的功能是（   ）。

   A. 对收到的帧执行错误检测

   B. 通过本地介质传输比特流

   C. 通过物理网络介质在节点之间交换帧

   D. 控制对介质的访问

26. 在 OSI 参考模型中，实现端到端的应答、分组排序和流量控制功能的协议层是（   ）。

   A. 数据链路层 　　　　　　　　B. 网络层

   C. 传输层 　　　　　　　　　　D. 会话层

二、判断题（对的打√，错的打 ×）

1. 在设计计算机网络体系结构时，分层的主要目的是简化网络设计和管理。（　　）
2. 手机与计算机之间通过无线连接，则该传输媒介是双绞线。（　　）
3. 无线宽带技术的发展是智能手机普及的重要推动力之一。（　　）
4. 铜缆传输的是电脉冲。（　　）
5. 网络传输分为有线传输和无线传输，光纤传输属于无线传输。（　　）
6. 无线局域网以全双工方式运行，允许所有设备同时发送或接收数据，用户数量不会影响性能。（　　）

三、标注设备名称与信息

观察网络拓扑图，如图 1-5-15 所示，尝试使用思科模拟器绘制并标出设备的名称和相应的信息。

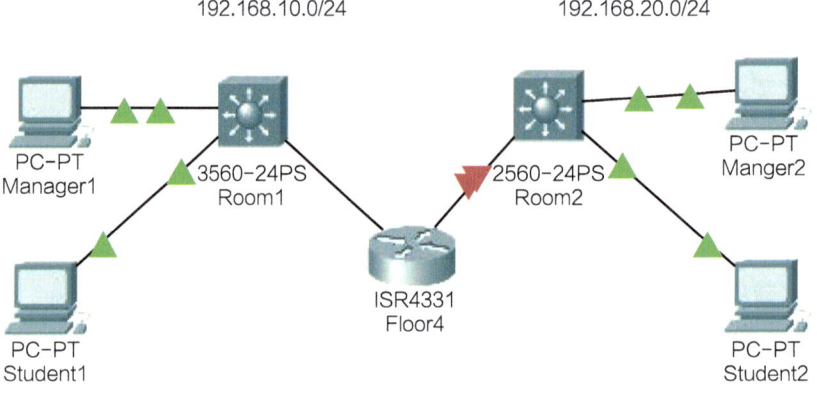

图 1-5-15　网络拓扑图

收获与反思 ▶

1. 我的收获：

_____

_____

2. 我需要改进的地方：

_____

_____

拓展学习

人工智能技术

人工智能（Artificial Intelligence，AI）是研究、开发用于模拟、延伸和扩展人的智能的理论、方法、技术及应用系统的一门新的技术科学。人工智能产业链如图 1-5-16 所示。

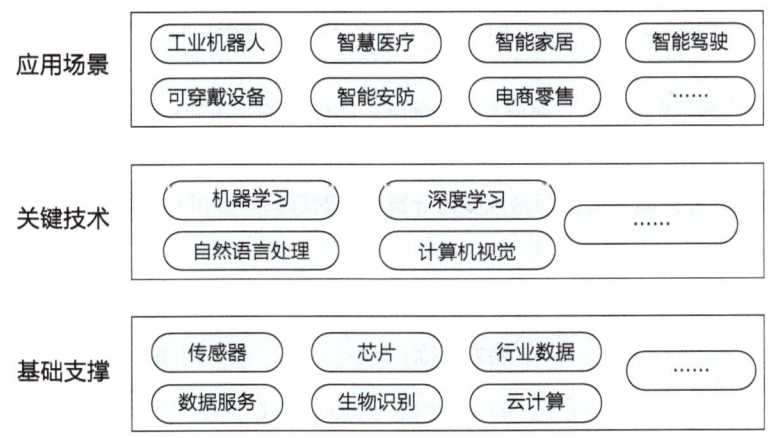

图 1-5-16　人工智能产业链

人工智能的核心技术包括机器学习、深度学习、自然语言处理、计算机视觉等。

机器学习赋予计算机自主学习的能力，使其能够通过分析数据中的模式和规律，而非依赖于传统的编程指令来执行任务和做出决策。机器学习分为监督学习、无监督学习、强化学习等，在语音识别、金融预测等领域有广泛应用。

深度学习是通过神经网络模拟人脑的工作方式，实现对大规模数据的学习和分析。深度学习的核心是人工神经网络，包括卷积神经网络（CNN）和循环神经网络（RNN）等。深度学习在图像识别、医疗诊断等领域取得了显著的成就。

自然语言处理（NLP）是人工智能和语言领域的分支学科。NLP 致力于让计算机能够理解、解释和生成人类语言，在搜索引擎、客户服务、社交媒体、法律等领域得到广泛应用。

计算机视觉是使计算机能够从图像或多维数据中解释和理解视觉信息。图像识别与分类、目标检测与跟踪、图像生成等是计算机视觉的重要任务。计算机视觉被广泛应用于人脸识别、医学影像分析、自动驾驶等领域。

项目 2
组建双机对等网络

项目概述

双机对等网络是两台普通计算机之间直接的连接,不需要专门的网络操作系统和网络设备,其搭建和维护简单,具有灵活性和扩展性,可轻松实现两台计算机的资源共享。本项目用 Cisco Packet Tracer 8.0 思科模拟器进行组建,学习 IP 地址的相关知识和网络测试的常用方法,然后运用虚拟机,学习 MAC 地址、操作系统、虚拟机的相关知识。双机对等网络搭建起来之后,在两台计算机之间实现网络文件共享,学习局域网常见传输介质双绞线的制作,为在真实的环境中实现两台或多台计算机的对等网络提供支持。

学习目标

知识目标:

掌握 IPv4 地址的组成、结构和应用

掌握 IP 地址的划分方法

掌握 MAC 地址的组成、结构和应用

了解虚拟机的基础操作

掌握组建双机对等网络的方法

掌握在网络中共享文件的方法

掌握制作双绞线的方法

能力目标:

能运用 Cisco Packet Tracer 8.0 思科模拟器组建双机对等网络

能运用虚拟机和物理机组建双机对等网络

能在网络共享文件

能制作直通双绞线和交叉双绞线

素质目标:

培养分析能力

培养实践操作能力

知识导图

项目 2 组建双机对等网络
- 任务1 在思科模拟器中组建双机对等网络
  1. 认识IPv4地址
  2. 子网划分技术
  3. 认识IPv6地址
  4. 常用的网络测试命令
- 任务2 在虚拟机中组建双机对等网络
  1. MAC地址
  2. 地址解析协议
- 任务3 在网络中共享文件
  - 局域网的工作模式
- 任务4 制作双绞线
  1. 双绞线直通线
  2. 双绞线交叉线

任务 1
在思科模拟器中组建双机对等网络

任务描述

相比于真实的计算机环境，在思科模拟器中组建双机对等网络，简化了网络的环境，降低了实验成本，易于故障检测，可多次反复实验，可以将理论知识应用于实践，加深对网络搭建方法、网络故障检测和排除的理解。本任务要求读者能在模拟环境中搭建网络，并熟练为主机分配合理的 IPv4 地址。

任务分析

本任务从两台计算机的连接开始，运用 IPv4 地址相关知识为两台计算机配置合理的地址，测试两台计算机的连通性。

任务目标

- 掌握 IP 地址的相关知识。
- 掌握在思科模拟器中组建双机对等网络的方法。
- 掌握网络测试的方法。

任务布置

活动 1　在 Cisco Packet Tracer 8.0 思科模拟器中构建双机对等网络的拓扑。
小组讨论　为网络中的主机规划 IPv4 地址。
活动 2　为网络中的主机配置 IPv4 地址，并测试连通。

任务实施

活动 1　在 Cisco Packet Tracer 8.0 思科模拟器中构建双机对等网络的拓扑。

在 Cisco Packet Tracer 8.0 思科模拟器中按图 2-1-1 搭建双机对等网

络的拓扑，并为设备标上标签。运用"ping 地址"命令尝试测试两台 PC 的连通性，你会遇到什么样的问题？

图 2-1-1 双机对等网络拓扑图

遇到的问题：_____

小组讨论　为网络中的主机规划 IPv4 地址。

通过分析活动 1 遇到的问题，查找 IP 地址的相关资料，为两台主机规划 IPv4 地址和子网掩码并填入表 2-1-1。

表 2-1-1　规划 IPv4 地址和子网掩码

主机	IPv4 地址	子网掩码
PC1		
PC2		

活动 2　为网络中的主机配置 IPv4 地址，并测试连通。

为主机配置 IP 地址，运用"ipconfig"命令分别查看两台主机的网络配置情况，通过"ping + 主机 IP"的方式，测试两台主机网络的连通性。

步骤 1　为 PC1 和 PC2 配置同一网段的 IPv4 地址。双击打开两台主机的配置窗口，单击"Desktop"，选择"IP Configuration"，配置静态"Static"的 IPv4 地址，如图 2-1-2 所示。

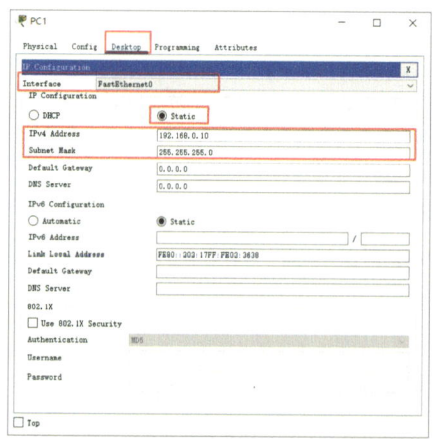 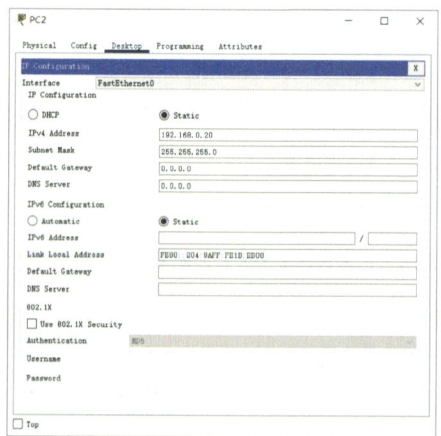

图 2-1-2　为 PC1 和 PC2 配置静态 IPv4 地址

步骤2 为拓扑图添加 IP 标签，为下一步的测试、故障排查等做准备，如图 2-1-3 所示。

图 2-1-3 为拓扑图添加 IP 标签

步骤3 PC1 和 PC2 互相 ping 通，测试两台主机的连通。双击打开主机的配置窗口，单击"Desktop"，选择"Command Prompt"，输入命令"ping +IP 地址"，如图 2-1-4 所示，发送 4 个数据包，收到 4 个应答包，两台主机连通。

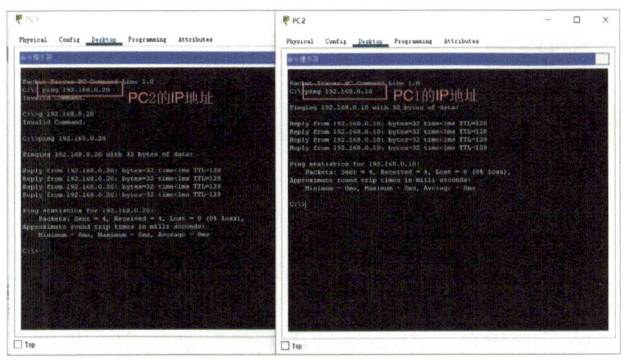

图 2-1-4 PC1 和 PC2 互相 ping 通

知识储备

1. 认识 IPv4 地址

微课 07：认识 IPv4 地址

当网络中的两台主机要进行通信时，必须知道通信双方各自的地址，这就是 Internet 地址，即 IP 地址。IP 地址实际上是一种标识符，TCP/IP 通过 IP 地址来识别网络中不同的主机。

（1）IPv4 地址的表示

IP 地址由 32 位二进制数组成。例如，某台主机的 IP 地址为 11000000101010000000000000000001。为了记忆方便，可以将 IP 地址的 32 位二进制数进行分组，每组 8 位，共 4 组，然后分别将每组 8 位的二进制数转换为相应的十进制数，中间用"."间隔，这种表达方式称为"点分十进制"。也就是说，上述 IP 地址可以表示成 192.168.10.10，如图 2-1-5 所示。32 位的地址空间可以表示 2^{32}（即 4 294 967 296）个不同的 IP 地址。

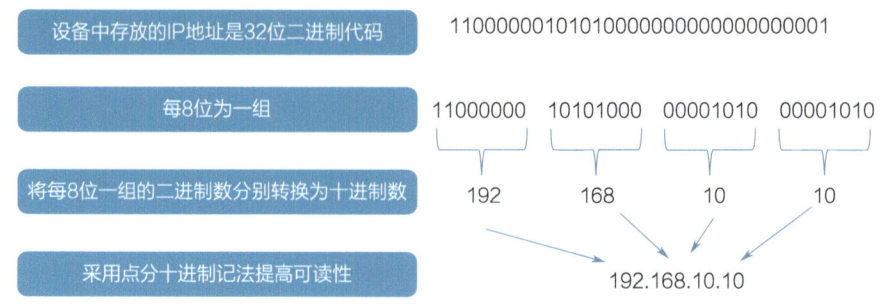

图 2-1-5　IP 地址的表示

（2）IPv4 地址结构

IPv4 地址为 32 位二进制的分层地址，每个 IPv4 地址由网络号和主机号两个部分组成，如图 2-1-6 所示。

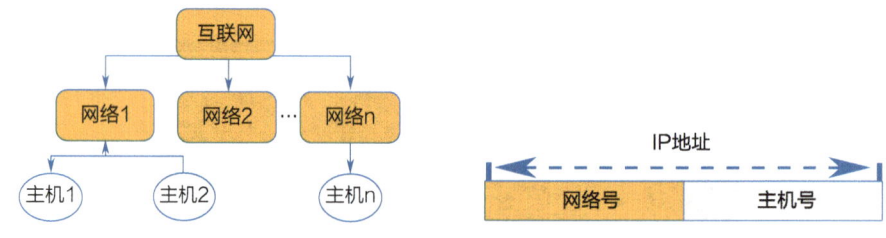

图 2-1-6　IP 地址的结构

在同一个网络中的所有设备，IPv4 地址中网络号必须完全相同。地址中的主机号则是唯一的，用于识别网络中的特定主机。若两台主机地址中的网络部分相同，则这两台主机位于同一个网络。

（3）子网掩码

在 32 位地址中，通过子网掩码区分网络号和主机号。如图 2-1-7 所示，IPv4 地址 192.168.1.7 是主机唯一的地址，255.255.255.0 是子网掩码，用于标识 IPv4 地址的网络号和主机号。

图 2-1-7　PC 上的 IPv4 地址

为了确定 IPv4 地址的网络号和主机号，将 IPv4 地址和子网掩码用二进制形式表示出来，子网掩码全 1 的部分对应 IPv4 地址的网络号，全 0 的部分对应主机号，将子网掩码与 IPv4 地址进行从左到右逐位相与（逻辑与，AND，其中只有 1 AND 1 产生 1，任何其他组合都会产生 0），得出该 IPv4 的网络地址，如图 2-1-8 所示。

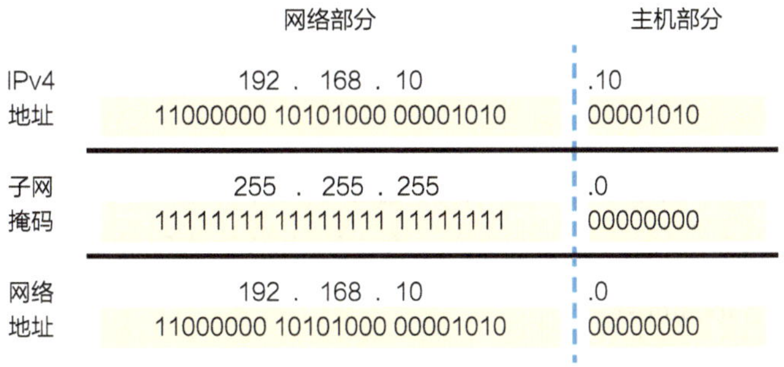

```
                        网络部分                    主机部分
    IPv4        192 . 168 . 10              .10
    地址        11000000 10101000 00001010   00001010

    子网        255 . 255 . 255              .0
    掩码        11111111 11111111 11111111   00000000

    网络        192 . 168 . 10              .0
    地址        11000000 10101000 00001010   00000000
```

图 2-1-8 IPv4 地址和子网掩码的二进制形式表示

子网掩码有两种写法，一种为点分十进制表示法，另一种为前缀长度表示法。前缀长度是标识子网掩码的一种较简单的方法，它是子网掩码中 1 的位数，用"斜线记法"写，前面加斜线表示。例如，IPv4 地址为 192.168.10.10，子网掩码为 255.255.255.0，可表示为 192.168.10.10/24。常见的子网掩码的前缀长度见表 2-1-2。

表 2-1-2 常见的子网掩码的前缀长度

子网掩码	32 位地址	前缀长度
255.0.0.0	11111111.00000000.00000000.00000000	/8
255.255.0.0	11111111.11111111.00000000.00000000	/16
255.255.255.0	11111111.11111111.11111111.00000000	/24
255.255.255.128	11111111.11111111.11111111.10000000	/25
255.255.255.192	11111111.11111111.11111111.11000000	/26
255.255.255.224	11111111.11111111.11111111.11100000	/27
255.255.255.240	11111111.11111111.11111111.11110000	/28
255.255.255.248	11111111.11111111.11111111.11111000	/29
255.255.255.252	11111111.11111111.11111111.11111100	/30

（4）特殊 IP 地址

1）网络地址，主机地址全为 0 的 IP 地址称为网络地址，用于标识一个网络。如果设备具有与网络地址相同的子网掩码和相同的网络位，并在同一广播域中，即可判断他们属于同一个网络。

2）广播地址，主机地址全为 1 的 IP 地址称为广播地址，专门用于同时向网络中所有主机发送数据。广播地址分为直接广播地址和有限广播地址。直接广播地址有网络号，主机字段全为 1，这类广播会被送到该网络（由网络号决定）上的每台主机。有限广播地址是指网络字段和主机字段全为 1 的地址，即 255.255.255.255，它不被路由但会被送到相同物理网络段上的所有主机。

3）组播地址，组播地址主要用于视频广播和视频点播系统，IP 地址范围从 224.0.0.0 到 239.255.255.255。其中，224.0.0.1 特指所有主机，224.0.0.2 特指所有路由器。

4）环回地址，网络地址是 127 的 IP 地址称为环回地址或者回送地址，主要用于对本地回路测试及实现本地进程间的通信。在实际中经常使用的环回地址是 127.0.0.1，它还有一个别名叫作 localhost。

5）私有地址，是在互联网上不被路由的 IP 地址，专门用于内部网络。私有地址的使用可以节省公共 IP 地址空间，并提高网络安全性。IPv4 私有地址范围是 10.0.0.0～10.255.255.255，这个范围内的 IP 地址可用于大型私有网络；172.16.0.0～172.31.255.255，这个范围内的 IP 地址适用于中等规模的私有网络，它包含 16 个连续的子网；192.168.0.0～192.168.255.255，这个范围内的 IP 地址通常用于家庭和小型网络。

下面举例说明如何通过 IPv4 地址 192.168.10.10 和子网掩码 255.255.255.0 获取该网络的网络地址、主机地址和广播地址，见表 2-1-3。

表 2-1-3 网络地址、主机地址和广播地址

地址	网络部分			主机部分	主机位数
子网掩码 255.255.255.0 或 /24	255 11111111	255 11111111	255 11111111	0 00000000	—
网络地址 192.168.10.0 或 /24	192 11000000	168 10100000	10 00001010	0 00000000	全 0
第一个地址 192.168.10.1 或 /24	192 11000000	168 10100000	10 00001010	1 000001	网络地址后一位（即除最后一位为 1 以外，其他位全是 0 位）
最后一个地址 192.168.10.254 或 /24	192 11000000	168 10100000	10 00001010	254 11111110	广播地址前一位（即除最后一位为 0 以外，其他位全是 1 位）
广播地址 192.168.10.255 或 /24	192 11000000	168 10100000	10 00001010	255 11111111	全 1

2. 子网划分技术

划分网络可充分利用 IP 地址、降低整体网络流量和改善网络性能；可以有针对性地实施安全策略，减少错误配置，缩小故障排除范围；可以减少受异常广播流影响的设备数量。

(1) 子网的划分策略

划分子网可以按位置、分组和功能、设备类型等方式来划分，如图 2-1-9 所示。

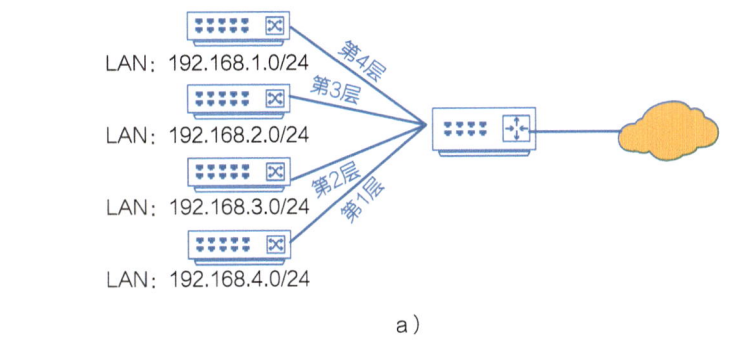

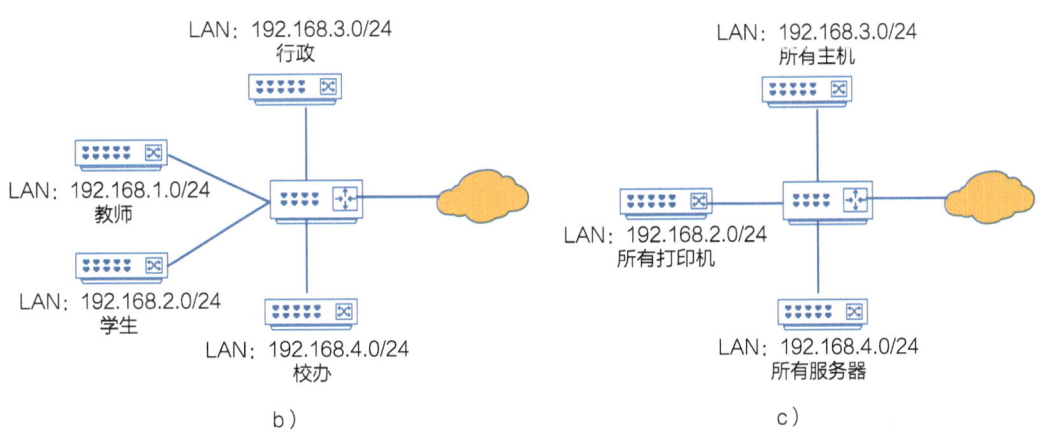

图 2-1-9　子网划分策略
a) 位置　b) 分组和功能　c) 设备类型

(2) 划分子网的方法

对于标准的地址来说，它们只具有网络号和主机号两层结构。为了划分子网，将主机号分为两个部分，其中一部分用于表示子网号，剩余部分用于表示主机号。这样就形成了一个三层结构，即网络号、子网号和主机号，如图 2-1-10 所示。

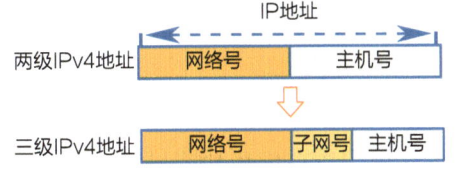

图 2-1-10　IP 地址的三层结构

划分子网的步骤如下：

1）根据所需网络数，确定子网号的位数来唯一标识网络上的每一个子网。

2）根据子网中的主机数，确定需要主机号的位数来标识每个子网上的每一台主机。

3）计算符合网络要求的子网掩码。

4）确定标识每一个子网的网络地址。

5）确定每一个子网上所使用的主机的地址范围。

例如，ISP 为公司总部分配了 IPv4 的公网网络地址为 172.16.0.0/22。现需要为 1 个公司办公室和 4 个分支机构分配 IP 地址，每个站点都需要连接到外部网络。公司网络拓扑图如图 2-1-11 所示。

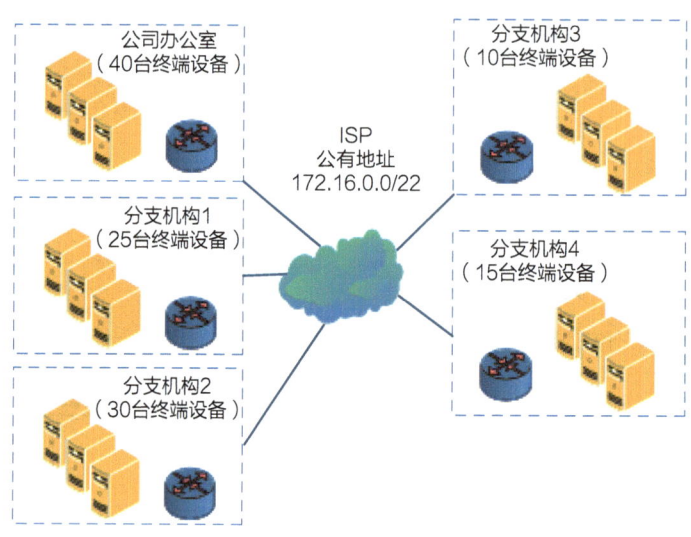

图 2-1-11 公司的网络拓扑图

分析：

第一步：由公网网络地址 172.16.0.0/22 可知该网络有 10 个主机位，可容纳 1022 台（即 $2^{10}-2$）主机（减去主机全 0 的网络地址和主机全 1 的广播地址），见表 2-1-4。

表 2-1-4 172.16.0.0/22 可容纳的主机数

地址	网络部分	主机部分
子网掩码	11111111.11111111.111111	00.00000000
网络地址	10101100.00010000.000000	00.0000000

第二步：由拓扑图可知，公司总部最多的地点有 40 台主机，是最大的子网，需要 40 个 IP 地址。为 40 台主机提供 IP 地址至少需要 62 个主机位（即 $2^6-2=62$），余下 4 个主机位作为子网位共有 16 个子网（$2^4=16$），可以满足本网络中需要的 10 个子网量（需要分配给每个位置和路由器到路由器的连接），还允许增加一定量的子网，见表 2-1-5。

表 2-1-5 主机部分借用 4 位来创建子网

地址	网络部分	主机部分	
		子网部分	主机部分
原 IP 172.16.0.0/22	11111111.11111111.111111	00.00000000	

（续）

地址	网络部分	主机部分	
		子网部分	主机部分
第 0 个子网 172.16.0.0/26	10101100.00010000.000000	00.00	00000
第 1 个子网 172.16.0.64/26	10101100.00010000.000000	00.01	00000
第 2 个子网 172.16.0.128/26	10101100.00010000.000000	00.10	00000
第 3 个子网 172.16.0.192/26	10101100.00010000.000000	00.11	00000
第 4 个子网 172.16.1.0/26	10101100.00010000.000000	01.00	00000
……			
第 14 个子网 172.16.3.128/26	10101100.00010000.000000	11.10	00000
第 15 个子网 172.16.3.192/26	10101100.00010000.000000	11.11	00000

第三步：随机以第 3 个子网 172.16.0.192/26 为例，找出该子网的网络地址、广播地址、第一个 IP 地址和最后一个 IP 地址，见表 2-1-6。

表 2-1-6　子网 172.16.0.192/26 的地址

地址	网络部分				主机部分
子网掩码 255.255.255.192 或 /26	255 11111111	255 11111111	255 11111111	192 11	0 000000
网络地址 172.16.0.192/26	172 10101100	16 00010000	0 00000000	192 11	0 000000
第一个地址 172.16.0.193/26	172 10101100	16 00010000	0 00000000	192 11	1 000001
最后一个地址 172.16.0.254/26	172 10101100	16 00010000	0 00000000	192 11	62 111110
广播地址 172.16.0.255/26	172 10101100	16 00010000	0 00000000	192 11	63 111111

第四步：为每个站点和 ISP 分配子网，从第 0 个子网开始分配，第 0 个子网分给公司办公室的外部路由器端口，第 1 个子网分配给办公室的内部网络，以此类推，如

图 2-1-12 所示。

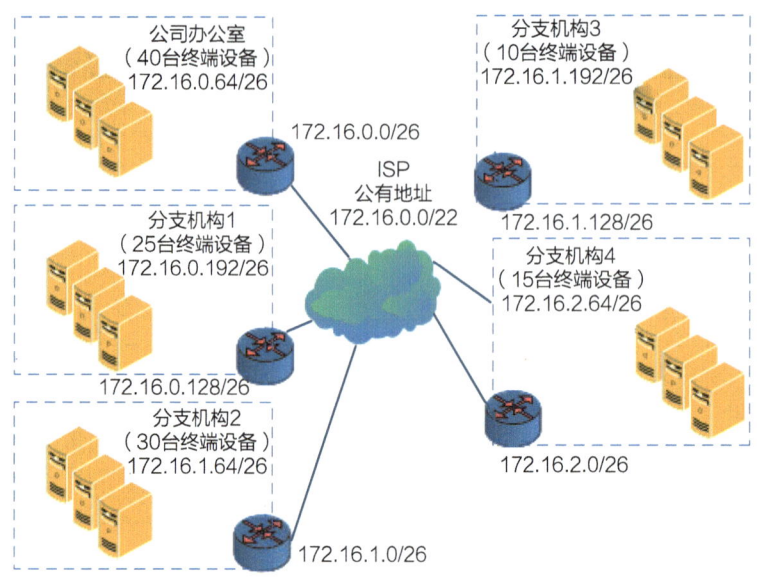

图 2-1-12　为每个站点和 ISP 分配子网

3. 认识 IPv6 地址

IPv6 拥有 128 位地址空间，提供了 340 涧（涧为 10 的 36 次方）个可能的地址，充分解决了 IPv4 地址耗尽的问题，提高网络性能和网络安全性。

IPv6 地址由 128 位二进制组成，通常使用十六进制表示。书写 IPv6 地址的首选格式为 x: x: x: x: x: x: x: x，不区分大小写，每个"x"均包括 4 个十六进制值，每个十六进制值又包括 4 个二进制数值，如图 2-1-13 所示。

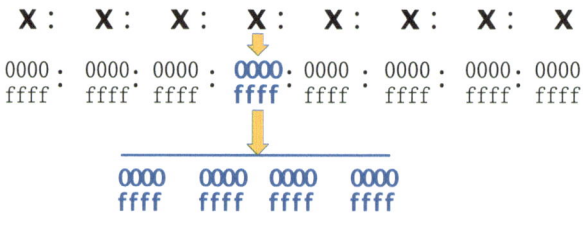

图 2-1-13　IPv6 的地址表示

4. 常用的网络测试命令

（1）ipconfig

ipconfig 命令用于查看和修改网络中与 TCP/IP 有关的配置，如 IP 地址、子网掩码、默认网关等。

命令格式：ipconfig /all

说明：/all 将显示出所有接口的详细配置信息，可以了解到当前计算机使用的网卡类型、主机的 IP 地址、子网掩码、路由器的地址，甚至包括任何已配置的串行端口和网络适配器的物理地址，如图 2-1-14 所示。

（2）ping

ping 命令是一个基于 ICMP 的实用程序，它的主要功能是检测网络的连通情况和分析网络速度。由于该命令发送的数据包非常小，在网上传递得非常快，所以可以快速检测出当前的网络故障，如图 2-1-15 所示。

图 2-1-14　ipconfig /all

图 2-1-15　ping 命令的使用

命令格式：ping -t/-a/-n count/-l size IP 地址（或域名）

参数：-t：不间断地 ping 指定计算机，直到管理员中断。

-a：将地址解析为计算机名。

-n count：发送 count 指定的 echo（空）数据包数。在默认情况下，ping 将发送 4 个数据包。例如，ping -n 60 192.168.10.10，可以测试发送到主机 60 个数据包的返回平均时间为多少，最快时间为多少，最慢时间为多少。

-l size：指定发送到目标主机的数据包的大小。在默认的情况下，Windows 的 ping 发送的数据包大小为 32B，可以自己定义数据包的大小，最大只能发送 65500B。

（3）ARP

用于查看动态的 IP 地址和物理地址的映射关系，如图 2-1-16 所示。

命令格式：arp -a/-s/-d IP 地址

参数：arp -a：查看高速缓存中的所

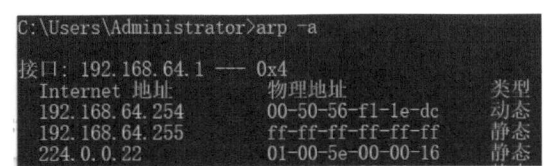

图 2-1-16　arp -a 查看全部的映射关系

有项目。

arp –a IP 地址：只显示与该接口相关的 ARP 缓存项目。

arp –s IP 地址 MAC 地址：向 ARP 高速缓存中人工输入一个静态项目，人工配置物理地址。

arp –d IP 地址：人工删除一个静态项目。

（4）Netstat

用于显示活动的 TCP 连接、计算机侦听的端口、以太网统计信息、IP 路由表、IPv4 统计信息以及 IPv6 统计信息。

命令格式：Netstat –a/-e/-n/-s/-p proto/-r/interval

–a：显示所有活动的 TCP 连接以及计算机侦听的 TCP 和 UDP 端口。

–e：显示以太网统计信息，如发送和接收的字节数、数据包数。该参数可以与 –s 结合使用。

–n：以数字表格形式显示地址和端口。

–s：显示每个协议的使用状态（包括 TCP、UDP、IP）。

–p proto：显示通过 proto 参数指定的协议的连接。proto 参数可以是 TCP、UDP 或 IP。

–r：显示本机路由表的内容，如图 2-1-17 所示。

interval：每隔 interval 秒重新显示一次选定的信息。按〈Ctrl+C〉组合键停止重新显示统计信息。如果省略该参数，Netstat 将只打印一次选定的信息。

（5）tracert

路由跟踪实用程序，用于确定 IP 数据包访问目标所采取的路径。例如，输入"tracert www.baidu.com"命令，可以看到 tracert 程序会自动将 www.baidu.com 域名解析为 IP 地址，如图 2-1-18 所示。

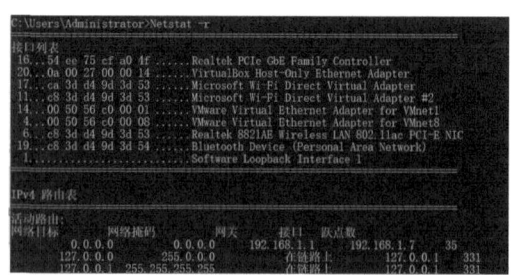

图 2-1-17 Netstat –r 显示本机路由表

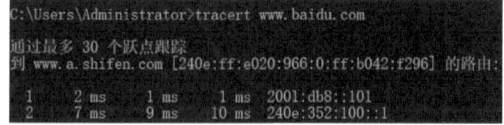

图 2-1-18 "tracert www.baidu.com" 命令

任务 2
在虚拟机中组建双机对等网络

任务描述

虚拟机是一种通过软件模拟的、具有完整硬件系统功能的、运行在计算机上的虚拟计算机系统。它允许用户在单一物理计算机上同时运行多个操作系统，每个操作系统都在自己的虚拟机环境中独立运行。运用虚拟机组建双机对等网络，实验环境与物理机真实环境接近，还可以减少物理硬件（如 PC、传输介质等）的需求，可反复多次地实验，不影响物理机的正常使用。

任务分析

在虚拟机中组建双机对等网络，需要学习虚拟机的基本配置和虚拟机中操作系统的配置。

任务目标

- 掌握 MAC 地址的相关知识。
- 掌握虚拟机的使用方法。
- 掌握运用虚拟机组建双机对等网络的方法。

任务布置

小组讨论　查看本机 MAC 地址，分析 MAC 地址的组成。
活动　在虚拟机中组建双机对等网络。

任务实施

小组讨论　查看本机 MAC（即物理地址）地址，分析 MAC 地址的组成。

查看 MAC 地址的方法如下：

1）打开"开始"菜单中的"设置",打开"网络和 Internet",选择"更改适配器选项",双击"以太网"图标,打开"常规",单击"详细信息",即可查到 MAC 地址。

2）在"开始"菜单中搜索"cmd"命令并打开"命令提示符",输入"ipconfig /all"命令,即可查看本机 MAC 地址,填入表 2-2-1。

表 2-2-1 各台主机的 MAC 地址

成员	本机 MAC 地址
1	
2	
3	
4	
5	
6	

分析:

1）本组的 MAC 地址有什么异同？_____

2）本组的 MAC 地址由多少位数字和字母构成？_____

3）这些数字和字母代表什么？_____

活动 在虚拟机中组建双机对等网络。

在虚拟机中组建双机对等网络的流程如图 2-2-1 所示。

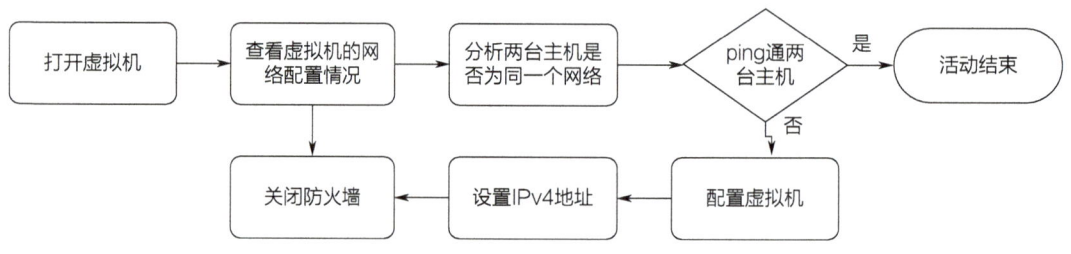

图 2-2-1 在虚拟机中组建双机对等网络的流程

操作步骤如下:

步骤 1 打开"VMware"虚拟机,启动"Windows Server 2012"和"Windows7"两台虚拟机,运行"命令提示符",用"ipconfig"命令分别查看两台虚拟机的 IPv4 地址,如图 2-2-2 所示。尝试运用"ping"命令测试两台主机的连通性,如图 2-2-3 所示。若能 ping 通两台主机,则本活动顺利完成,若未能 ping 通,则继续步骤 2 的设置。

项目 2　组建双机对等网络

图 2-2-2　查看两台虚拟机的 IPv4 地址　　　　图 2-2-3　两台主机互 ping

步骤 2　在"VMware"的"编辑"菜单中，选择"虚拟网络编辑器"，修改虚拟机的桥接对象为本机以太网网卡，单击"应用"按钮，如图 2-2-4 所示。

步骤 3　选择虚拟机的选项卡，打开"设置"，在"虚拟机设置"对话框中选择"网络适配器"，选择"网络连接"为"桥接模式"，勾选"复制物理网络连接状态"，将虚拟系统的 IP 地址设置为同一网段，如图 2-2-5 所示。同时，打开"网络与 Internet"，选择"更改适配器选项"，双击"以太网"图标，双击"Internet 协议版本 4（TCP/IP）"，将两台虚拟机的 IP 地址设置为自动获取。

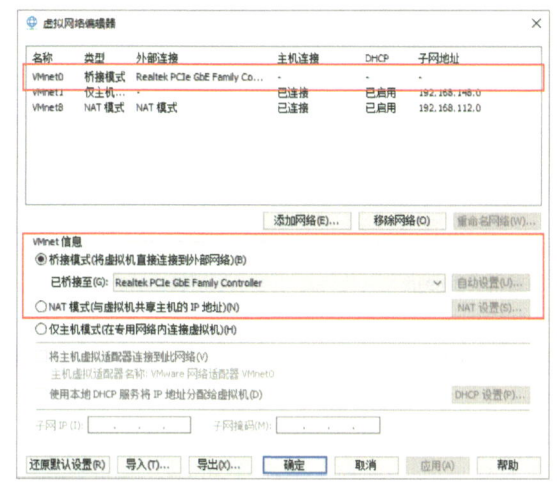
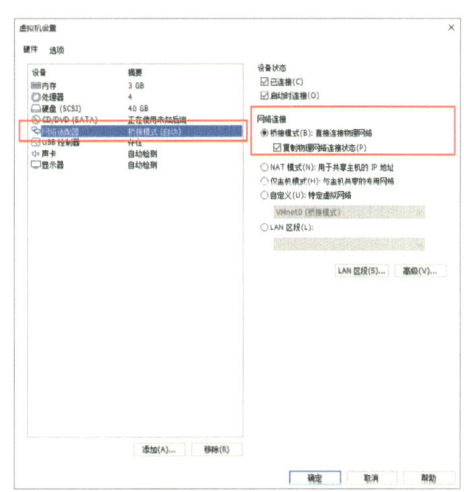

图 2-2-4　修改桥接对象　　　　图 2-2-5　设置"网络连接"为"桥接模式"

步骤 4　执行"控制面板"→"系统和安全"→"Windows 防火墙"→"自定义设置"命令，将两台虚拟机的防火墙关闭，如图 2-2-6 所示。

步骤 5　配置 IP 地址。在"开始"菜单打开"设置"→"网络和 Internet"→"更改适配器选项"，选择"以太网属性"→"属性"，选择"Internet 协议版本 4（TCP/IPv4）"，如图 2-2-7 所示。将两台主机的 IP 地址设置为"自动获得 IP 地址"，或者配置静态 IP 地址为同一网段（如 192.168.1.10/24 和 192.168.1.20/24）。

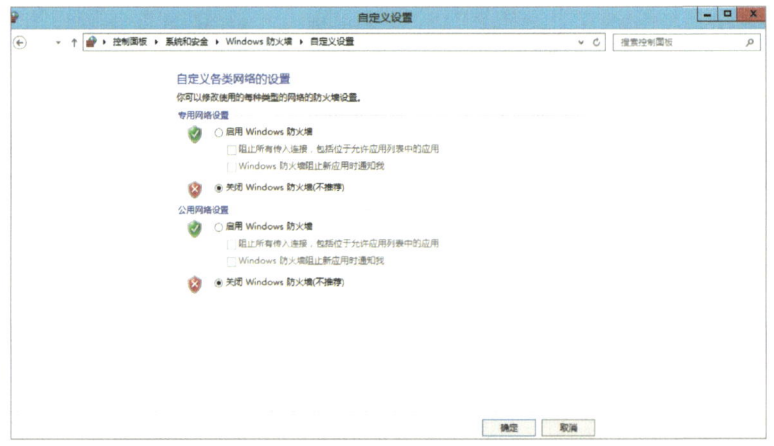

图 2-2-6　关闭防火墙

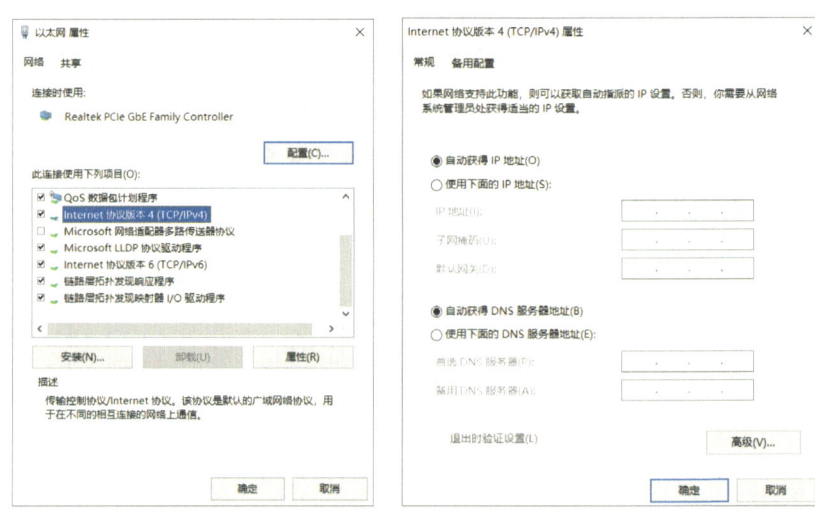

图 2-2-7　设置 IPv4 地址

步骤 6　重复第一步的操作,使用"ping"命令测试虚拟机和物理机的连通性,如果 ping 通,则完成本活动。

知识储备

1. MAC 地址

MAC 地址（Media Access Control Address）也叫作物理地址或硬件地址,由网络硬件制造商在设备出厂前固化在网卡的 ROM 中。MAC 地址在实际通信中用于同一个网络上的网卡之间的通信,即在同一个网络内部的设备网卡进行寻址所使用的地址。

MAC 地址的长度为 48 位（6 个字节）二进制组成,通常表示为 12 个十六进制数,

动画 02：物理地址 MAC

格式为 XX-XX-XX-XX-XX-XX（或 XX：XX：XX：XX：XX：XX），如 "C8-3D-D4-9D-3D-62（或 C8：3D：D4：9D：3D：62）" 就是一个 MAC 地址，其中前 3 个字节 C8-3D-D4 代表网络硬件制造商的编号，9D-3D-62 代表该制造商的某个网络产品的序列号。网络中每个设备都具有唯一的 MAC 地址。这个地址与网络无关，也就是说无论将这个硬件（如网卡、交换机、路由器等）接入到哪个网络，它的 MAC 地址不会改变且是唯一的。

MAC 地址和 IP 地址的相同点是它们都是唯一的，不同点有几个方面：

1）对于网络上的某一设备，它的 IP 地址可以根据网络环境的需要而改变（但必须唯一），而 MAC 地址不可改变。

2）IP 地址长度为 32 位二进制，MAC 地址长度为 48 位二进制。

3）IP 地址的配置基于网络环境，而 MAC 地址的分配是由制造商决定的。

4）IP 地址应用于第 3 层网络层，而 MAC 地址应用在第 2 层数据链路层。

5）IP 地址用于将数据包从源设备发送到目的设备，目的设备可能与源地址在同一个网络上，也可以在远程网络上，而 MAC 地址用于同一网络上设备的数据帧传输。

例如，在图 2-2-8 中，第 2 层物理地址 MAC 用于将数据链路层帧从一个网络中的一个网卡发送到另一个网卡，PC1 想要发送数据包给同一网络中的目的设备 PC2，从 PC1 发送的数据包中的目的 MAC 地址就是目的设备的 MAC 地址。

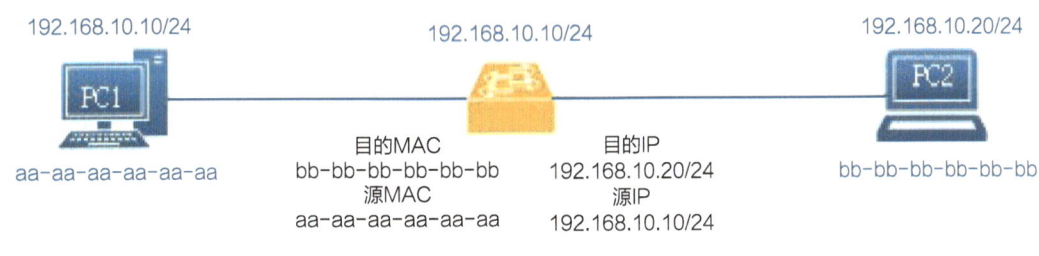

图 2-2-8 在同一网络中发送数据包

在图 2-2-9 中，PC1 发送数据包给远程网络中目的设备时，首先目的 MAC 地址就

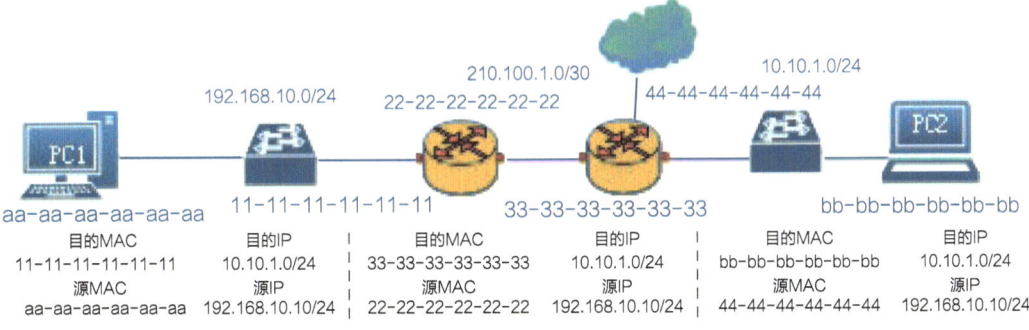

图 2-2-9 PC1 发送数据包给远程网络中的目的设备

动画 03：ARP 的工作原理

是默认网关的地址，IPv4 使用 ARP 把设备的 IPv4 地址关联到设备网卡的 MAC 地址，路由器通过检查目的 IPv4 地址来确定转发 IPv4 数据包的最佳路径。路由器收到以太网帧后，将依次解封第 3 层网络层以下的信息，它可借助目的 IPv4 地址确定下一跳设备，然后将 IPv4 数据包封装在发送接口的新数据链路帧中，继续转发到下一个设备，直到到达目的主机。

2. 地址解析协议

对于网络中的硬件设备而言，它既有一个逻辑地址（IP 地址），又有一个物理地址（MAC 地址），需要有一种机制能够把 IP 地址与 MAC 地址进行映射才能完成数据通信。这种机制就是 ARP，即地址解析协议，它的作用是将 IPv4 地址映射到 MAC 地址，并维护 IPv4 的 MAC 的地址映射表。

ARP 会暂时保存 LAN 上设备的映射关系，如果设备找到 IPv4 地址，相应的 MAC 地址将作为帧中的目的 MAC，如果找不到该映射条目，设备会发送一个 ARP 请求，如图 2-2-10a 所示，目的设备使用一个 ARP 应答进行响应，如图 2-2-10b 所示。对于每台设备，ARP 缓存计时器会删除在指定时间内未使用的 ARP 映射条目，也可以手动删除 ARP 中的部分或全部条目。

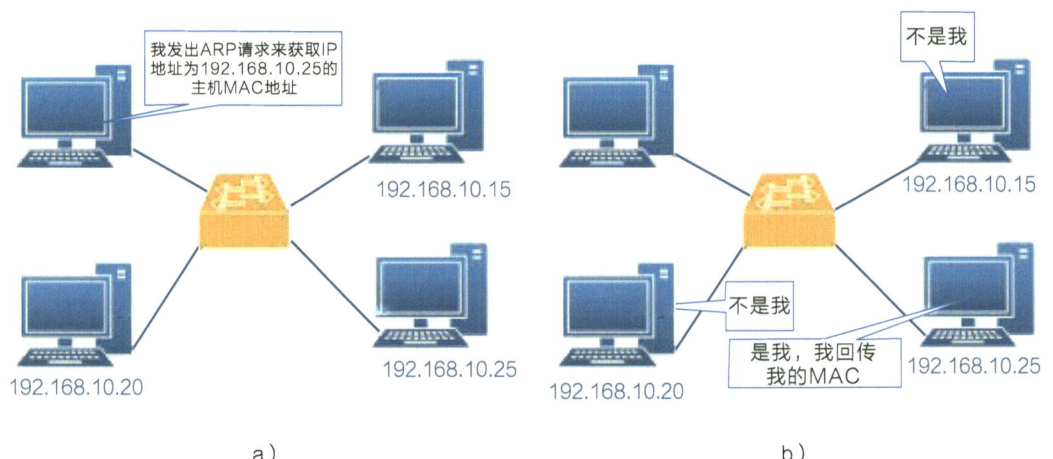

图 2-2-10　广播发送 ARP 请求和单播 ARP 应答

a）广播发送 ARP 请求　b）单播 ARP 应答

任务 3
在网络中共享文件

资源共享是网络最重要的应用之一,也是最基本的功能之一。通过共享网络中的资源,实现文件资料的交换,可以节省存储空间,提高工作效率。

任务描述

双机互联是比较简单的,只要软硬件准备充分,使用交叉双绞线将各自独立的两台计算机连接上即可。但连接最小网络的目的仍然是共享资料,所以在前期完成的基础上,连接双机,并开始共享资源。

任务分析

- 掌握网络中共享文件的方法。

任务目标

活动 在虚拟机组成的对等网络中共享文件。

任务布置

活动 在虚拟机组成的对等网络中共享文件。

步骤 1 使用 ping 命令测试网络,保证网络畅通。按照任务 2 的方法运用虚拟机组建双机对等网络,测试虚拟机的联通,保证网络通畅。本任务配置 IPv4 地址和子网掩码如下:Windows Server 2012:192.168.139.10,255.255.255.0;Windows 7:192.168.139.8,255.255.255.0。ping 通两台主机,如图 2-3-1

任务实施

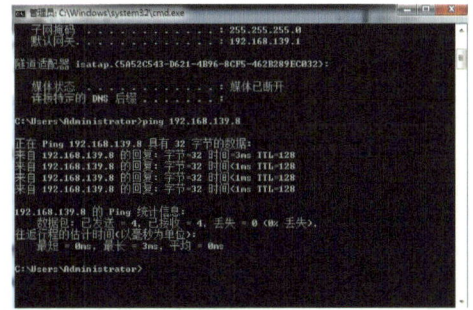

图 2-3-1　ping 通两台主机

所示。

步骤2　配置本地文件共享。

1）创建需要共享的文件夹和文件。在 Windows Server 的"D盘"中创建"test"文件夹，在文件夹中新建文本文件"index.txt"，录入以下内容：

```
<html>
<head>
<title>
我的测试页面
</title>
</head>
<body>
<p> 欢迎你朋友！ </p>
<a href="https://www.baidu.com">访问百度</a>
</body>
</html>
```

保存文本文件，退出编辑，将文本文件"index.txt"的扩展名改为".html"，如图 2-3-2 所示。

2）设置文件夹共享。选择"test"文件夹，右击弹出快捷菜单，选择"属性"→"共享"，弹出对话框如图 2-3-3 所示。

图 2-3-2　修改拓展名

图 2-3-3　设置文件夹共享

3）设置共享的用户和权限。在"文件共享"对话框中选择"Everyone"，单击"添加"，添加 Everyone 用户，修改其权限为"读取/写入"，允许该用户可读写该文件，如

图 2-3-4 所示。

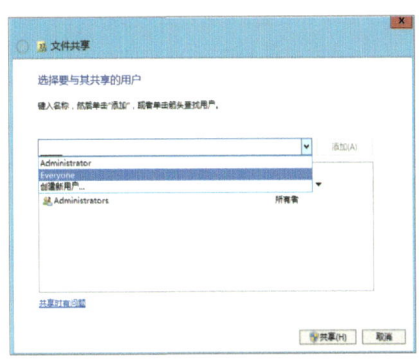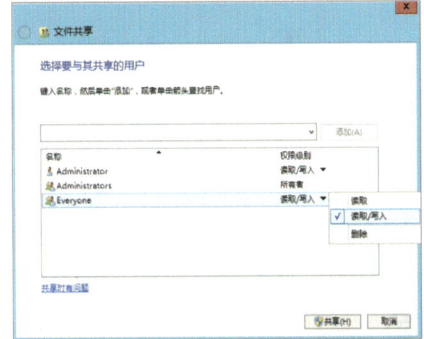

图 2-3-4 设置共享的用户和权限

4）高级权限的设置。退出"文件共享"对话框，进入"高级共享"对话框，修改"将同时共享的用户数量限制"为10，修改 Everyone 的权限，允许"完全控制""更改""读取"权限，如图 2-3-5 所示。

5）设置网络和共享。关闭"高级共享"对话框，打开"网络和共享中心"，选择"启用网络发现"和"关闭密码保护共享"，如图 2-3-6 所示。

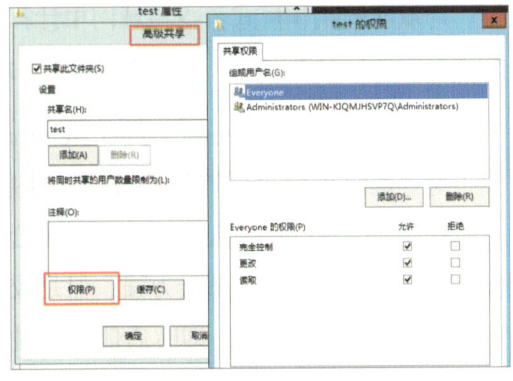

图 2-3-5 设置 Everyone 的权限

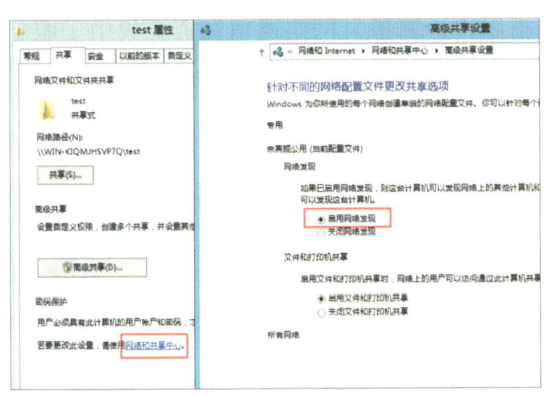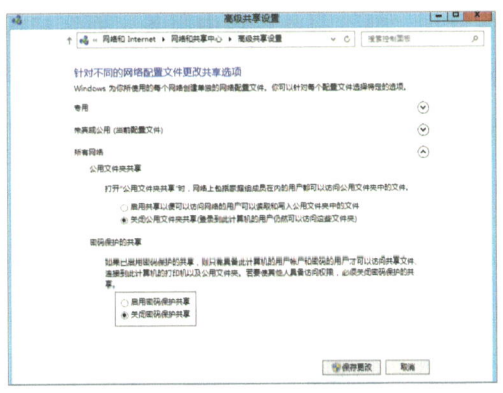

图 2-3-6 "启用网络发现"和"关闭密码保护共享"

步骤3 访问网络上共享的资源。

打开"网络"可以看到网络上共享的文件资源，包括本机共享的资源。如果在"网络"中没有发现共享的文件，则在地址栏中输入"\\192.168.139.10"（共享文件主机的IP地址），按〈Enter〉键即可访问资源，如图 2-3-7 所示。

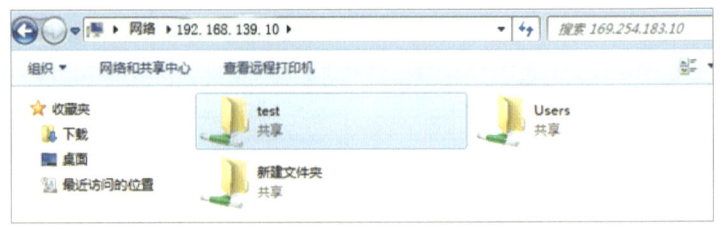

图 2-3-7　查看共享文件

知识储备

局域网的工作模式

局域网的工作模式是指局域网中计算机之间通信和资源共享的方式。局域网的工作模式主要分为对等网络、客户机/服务器网络和混合网络结构 3 种。

（1）对等网络（Peer-to-Peer Network）

对等网络中每台计算机（节点）都是平等的，既可以作为客户端请求其他计算机上的资源，也可以作为服务器提供资源给其他计算机。这种组网方式灵活方便、去中心化、高度可扩展、抗故障能力强，但是较难实现集中管理与监控，安全性也低，较适合作为部门内部文件共享、即时通信小型网络，如图 2-3-8 所示。

（2）客户/服务器网络（Client-Server Network）

服务器是指专门提供服务的高性能计算机或专用设备，通常提供文件存储、数据库管理、邮件服务等集中服务，而客户机是指用户计算机。网络通信和资源集中于服务器，客户机则请求服务器上的资源或服务，该模式结构简单、支持分布式和并发环境、资源集中管理有利于权限控制和系统安全，如图 2-3-9 所示。

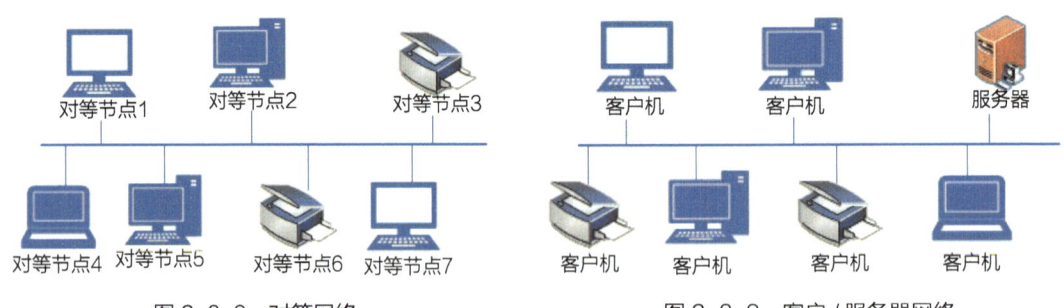

图 2-3-8　对等网络　　　　　　　　图 2-3-9　客户/服务器网络

（3）混合网络（Hybrid Network）

混合网络结合了对等网络和客户端/服务器网络的特点，网络中既有专门的服务器提供服务，也有计算机以对等的方式共享资源。

任务 4
制作双绞线

任务描述

双绞线是局域网中常见的传输介质，局域网中的网络设备（网卡、交换机、路由器、防火墙等）之间一般采用双绞线进行连接。

任务分析

制作双绞线，先了解双绞线的制作工具及其使用方法，然后学习双绞线的线序标准，最后掌握双绞线的制作方法。

任务目标

- 掌握制作双绞线直通线的方法。
- 掌握制作双绞线交叉线的方法。

任务布置

小组讨论　观察双绞线。
活动 1　制作双绞线直通线。
活动 2　制作双绞线交叉线。

任务实施

小组讨论　观察双绞线，将观察到的内容填入表 2-4-1 中。

活动准备：制作双绞线使用的工具有网络测线仪、网络压线钳、剪刀、RJ-45 水晶头和双绞线。每组网络压线钳 3 把，网络测线仪 2 个，RJ-45 水晶头若干，每人 1.5m 左右超五类双绞线。

表 2-4-1　观察双绞线

你拿到的是什么双绞线？	
双绞线的封套上印的是什么字样？（相同的字样填一组即可）	
剥开封套后，看看有几根线？	
它们分别是什么颜色？	

微课 08：RJ-45 水晶头端接和跳线制作

077

活动 1 制作双绞线直通线。

直通线两端的线序是相同的，如图 2-4-1 所示，两端同时遵循 EIA/TIA 的 T568B 标准（两端同时为 T568A 线序亦可）。T568B 线序：白橙、橙、白绿、蓝、白蓝、绿、白棕、棕。

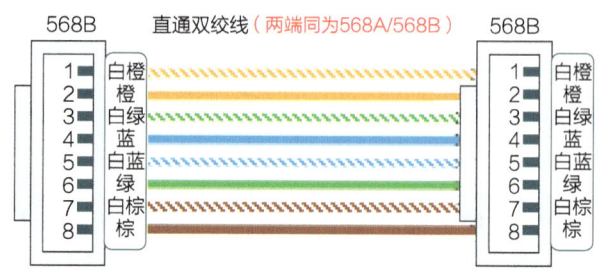

图 2-4-1 直通线

步骤 1 将双绞线的外护套剥除。拿起双绞线，将双绞线放入压线钳中的剥除口，旋转 180°，剥去外护套约 5cm，露出 4 对共 8 条线芯，用剪刀剪去牵引线，如图 2-4-2 所示。

步骤 2 按 T568B 的线序（白橙、橙、白绿、蓝、白蓝、绿、白棕、棕）将线序从左到右依次排好，如图 2-4-3 所示。

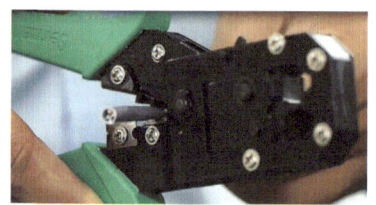  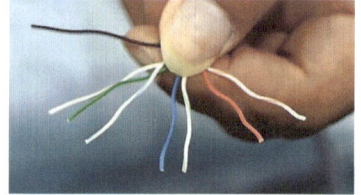

图 2-4-2 剥除外护套　　　　图 2-4-3 按 T568B 标准排序

步骤 3 将排好线序的线收拢、捋直，用压线钳中的剪口将其剪平，使线芯离外护套距离 1.5cm，如图 2-4-4 所示。

 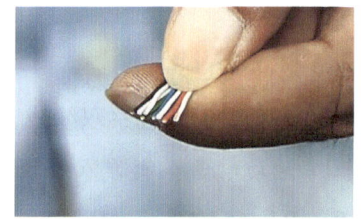

图 2-4-4 剪平线芯

步骤 4 剪平线芯后，将水晶头铜片向上，将线塞入水晶头中，确保线芯能顶到水晶头的最顶端，再次检查水晶头线序是否正确，如图 2-4-5 所示。

步骤 5 利用压线钳的 RJ-45 压口进行压接。将水晶头放入 RJ-45 压口处，小心压接，不要用力过猛、速度过快，如图 2-4-6 所示。

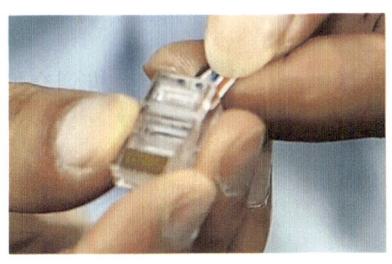  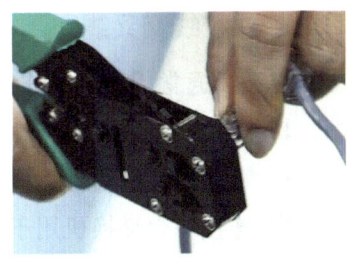

图 2-4-5　将线塞入水晶头　　　　　　　图 2-4-6　压接水晶头

步骤 6　当两端水晶头端接好之后，运用网络测线仪进行测试。将网络插入测线仪的 RJ-45 端口中，打开测线仪的开关，当 1～8 盏灯依次亮起，说明网络制作成功，如图 2-4-7 所示。

活动 2　制作双绞线交叉线。

交叉线如图 2-4-8 所示，一端遵循 EIA/TIA 的 T568A 标准，另一端遵循 T568B 标准。

T568A 线序：白绿、绿、白橙、蓝、白蓝、橙、白棕、棕。

T568B 线序：白橙、橙、白绿、蓝、白蓝、绿、白棕、棕。

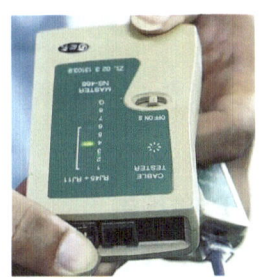 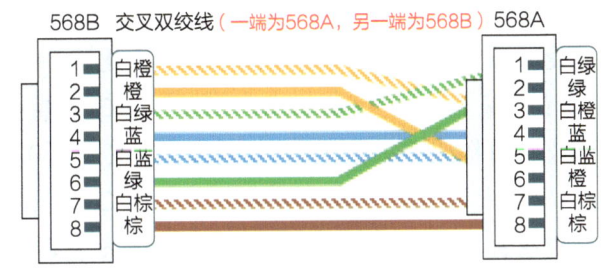

图 2-4-7　运用网络测线仪测试　　　　　图 2-4-8　交叉线

制作的方法与制作直通线一样，只是双绞线两端，一端按 T568A 线序排线，另一端按 T568B 线序排线。使用测线仪测试时，1～3、2～6 的灯交替亮起，其他灯正常。

知识储备

1. 双绞线直通线

双绞线直通线通常用于连接不同类型的设备，其用途如下：

1）连接计算机与网络设备（如交换机、路由器或硬件防火墙等）。

2）连接网络设备之间的局域网端口（如交换机与路由器）。

直通线制作简单、价格低廉、通用性强，在网络布线中非常常见，适用于多种网络连接场景。

动画 04：直通线和交叉线的工作原理

2. 双绞线交叉线

交叉线通常用于直接连接两台相同类型的设备，如计算机到计算机、交换机到交换机。其用途如下：

1）直接连接两台计算机（双机对等网络）进行文件传输。

2）连接两台交换机用于端口级联。

随着技术的不断进步，现在大多数网络设备都可以使用直通线来连接，交叉线的需求已经越来越少。

项目小结

本项目以组建双机对等网络为主要任务，分别使用思科模拟器、虚拟机来搭建，在相对简单的网络环境中学习 IP 地址、MAC 地址、网络测试命令、ARP、网络工作模式、双绞线制作等相关知识，动手组建了双机对等网络、共享了网络文件、制作了双绞线。

实战强化

一、单项选择题

1. 不受电磁波干扰或噪声影响的传输介质是（　　）。

    A. 双绞线　　　　B. 光纤　　　　C. 同轴电缆　　　　D. 微波

2. 双绞线制作过程中不需要用到的工具是（　　）。

    A. 压线钳　　　　B. 剥线钳　　　　C. 测线器　　　　D. 集线器

3. 双绞线由两根具有绝缘保护层的铜导线按一定密度互相绞在一起组成，这样可以（　　）。

    A. 降低信号干扰的程度　　　　B. 降低成本

    C. 提高传输速度　　　　D. 没有任何作用

4. 制作直通双绞线所采用的 T568B 标准线序的第二序位是（　　）。

    A. 橙　　　　B. 蓝白　　　　C. 绿白　　　　D. 棕白

5. 超五类双绞线最大的传输距离是（　　）。

    A. 25m　　　　B. 50m　　　　C. 100m　　　　D. 500m

6. 信息插座采用 T568B 接线方式和四对双绞线相连时，其中 1～8 线序为（　　）。

    A. 白橙、橙、白绿、蓝、白蓝、绿、白棕、棕

    B. 白绿、绿、白橙、蓝、白蓝、橙、白棕、棕

    C. 白蓝、蓝、白橙、橙、白绿、绿、白棕、棕

    D. 白橙、橙、白蓝、蓝、白绿、绿、白棕、棕

7. 双绞线中的交叉线主要是用于（　　）之间的连接。

A. 计算机和交换机 B. 交换机和交换机
C. 路由器和交换机 D. 前三项都不对

8. 对局域网来说，网络控制的核心是（　　）。

   A. 工作站　　　B. 多站　　　C. 网络服务器　　　D. 网络互连设备

9. 以下 IP 地址中（　　）属于私有地址。

   A. 192.168.1.1　　B. 172.16.0.1　　C. 10.0.0.1　　D. 以上都是

10. IPv4 地址由（　　）位二进制数组成。

    A. 16　　　B. 32　　　C. 64　　　D. 128

11. 以下 IP 地址中有效的是（　　）。

    A. 256.100.50.25　B. 192.168.1.256　C. 10.0.0.255　D. 255.255.255.255

12. 子网掩码 255.255.255.0 表示的子网中，每个子网可以容纳（　　）个有效的主机地址。

    A. 254　　　B. 255　　　C. 256　　　D. 257

13. MAC 地址的长度是（　　）。

    A. 12 位　　　B. 24 位　　　C. 48 位　　　D. 64 位

14. 以下描述关于 MAC 地址，正确的是（　　）。

    A. MAC 地址是全球唯一的，由 IEEE 分配
    B. MAC 地址可以轻易地被用户修改
    C. MAC 地址仅在局域网内有效
    D. MAC 地址用于广域网中的设备识别

二、尝试在物理机中组建双机对等网络

提示：

1）规划 IPv4 地址，并给物理机配置 IP 地址。

2）制作双绞线的直通线，连接两台主机。

3）ping 通两台主机，完成在物理机中组建双机对等网络。

收获与反思

1. 我的收获：

_____

_____

2. 我需要改进的地方：

_____

_____

拓展学习

物联网的崛起

物联网（Internet of Things，IoT）是指通过网络将各种物体连接起来，实现信息的交换和共享。随着物联网（IoT）技术的不断演进与成熟，社会正步入一个高度智能化的新时代。在这个时代，通过互联网实现的设备与物品之间的互联互通及数据交换变得日益普遍。物联网的快速发展预示着日常生活的便利性和效率将得到显著提升，同时也预示着社会运作方式的重大变革。

物联网作为一个网络系统，有它特有的体系结构。它包括感知层、网络层和应用层3个层次，它们互相关联、互相促进，共同构成了从数据采集到信息处理的完整流程，如图2-4-9所示。

感知层：感知层是物联网体系结构的底层，主要负责与物理世界进行交互，通过各种传感器和执行器来感知和控制环境中的各种参数。感知层的关键技术包括传感器技术、RFID技术、短距离无线通信技术等。传感器技术能够以更高的精度和更低的成本来感知环境信息。RFID技术则通过无线方式识

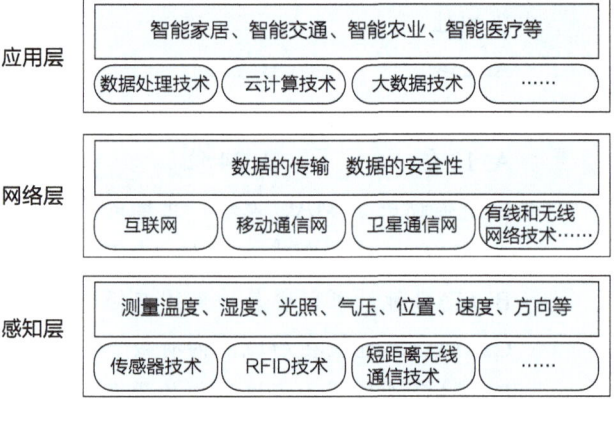

图2-4-9 物联网体系结构

别特定目标并读写相关数据，为物联网提供了快速、准确的标识和识别手段。短距离无线通信技术如蓝牙、ZigBee等则使得传感器之间以及传感器与网关之间的数据传输变得更加便捷和高效。

网络层：网络层是物联网体系结构的中间层，主要负责将感知层采集到的数据传输到应用层进行处理。在网络层，物联网面临传输和安全两大挑战，为确保数据的可靠和实时传输，通常会使用多种协议和拥塞控制策略来提升网络效率。物联网设备常在无人监管的环境中长期运行，网络安全显得尤为关键。因此，物联网需要加密技术、身份认证技术来保障数据的安全和完整。

应用层：应用层是物联网体系结构的顶层，主要负责将网络层传输来的数据进行处理和应用，是用户和其他系统的接口。在物联网的应用层，数据处理和分析至关重要。原始数据需经过清洗、整合和挖掘变为有用信息。云计算和大数据技术提供了必要的计算和存储资源，提高了数据处理效率。人工智能和机器学习算法的应用使物联网能更智能地理解用户需求、预测趋势并做出决策。

项目 3
组建小型局域网

项目概述

本项目详细介绍了一个小型网络的设计和实现。通过本项目的学习，读者能够根据用户的需求，利用组网技术规划和组建一个小型的办公网络，掌握交换机的基础知识、交换机的VLAN技术、无线技术，实现共享网络资源。

学习目标

知识目标：

了解小型局域网的组网技术

熟悉交换机的基本功能及工作原理

了解无线设备的工作模式

能力目标：

能掌握交换机的基本配置方法

能掌握交换机的VLAN技术

能掌握小型无线局域网的组建方法

素质目标：

培养细致观察的能力

培养共同解决问题的能力

知识导图

项目3 组建小型局域网

- 任务1 选择组网技术
  1. 网络设计原则
  2. 以太网定义及标准
  3. 小型局域网IP地址规划
  4. 交换机管理方式

- 任务2 选择和配置交换机
  1. 交换机的功能
  2. 交换机的工作原理
  3. 交换机的选购

- 任务3 实现端口隔离
  1. VLAN技术
  2. VLAN的创建与删除
  3. 交换机的端口模式
  4. 为VLAN分配端口
  5. VLAN的中继配置
  6. VLAN的验证

- 任务4 实现无线连接
  1. 无线局域网
  2. WLAN与Wi-Fi
  3. 无线局域网的技术标准
  4. 无线路由器

- 任务5 小型局域网综合实训
  交换机级联

- 任务6 三层交换机实现VLAN间路由
  1. VLAN间路由
  2. 三层交换机的工作原理
  3. 三层交换机的类型

任务 1
选择组网技术

任务描述

由于公司业务的发展，各部门使用的计算机数量越来越多，同时，打印机、扫描仪等也是必不可少的。各部门之间、各部门同外界信息媒体之间的数据资料相互交换和共享的要求日益增加。面对这种情况，最好的解决办法是组建一个办公室局域网，充分发挥现有计算机等设备的功能。

某网络公司有台式办公计算机 12 台，打印机 2 台，现公司要求组建一个小型企业局域网，公司分配的网段为 192.168.1.0/24，要求台式计算机平均分配给财务部和技术部，部门内部共享一台打印机，相同部门可通信，不同部门不能通信，手机、笔记本计算机、平板计算机等无线设备可无线上网，总费用不超过 10000 元。

任务分析

根据具体的需求及应用领域分析，本任务需要组建一个小型的办公网络，综合考虑网络的稳定性和可靠性，以及网络组建的投入成本等方面。针对该公司组建的网络应考虑：

1）确定网络需求。该公司网络设备数量较少，主要需求是传输文件和共享资料，因此建议通过交换机连接网络。

2）确定连接方式。该公司办公场地固定，结合移动终端的用网需求，因此采用有线加无线的连接方式。

任务目标

- 了解网络组网方式及原则。
- 能规划设计小型网络拓扑结构。

小组讨论　分析小型网络组网需求。

活动1　规划绘制网络拓扑结构。

活动2　准备网络设备。

小组讨论　分析小型网络组网需求。

根据任务描述该网络公司的组网需求，从网络设计者的角度，分析并讨论组网方案，填入表3-1-1。

表3-1-1　组网需求表

项目	内容
组网目的	
现有的设备/台	
方案选择	□有线网络　□无线网络　□有线+无线网络

活动1　规划绘制网络拓扑结构。

打开 Cisco Packet Tracer 8.0 软件，根据任务描述及组网需求，选用适当设备绘制拓扑结构，如图3-1-1所示。

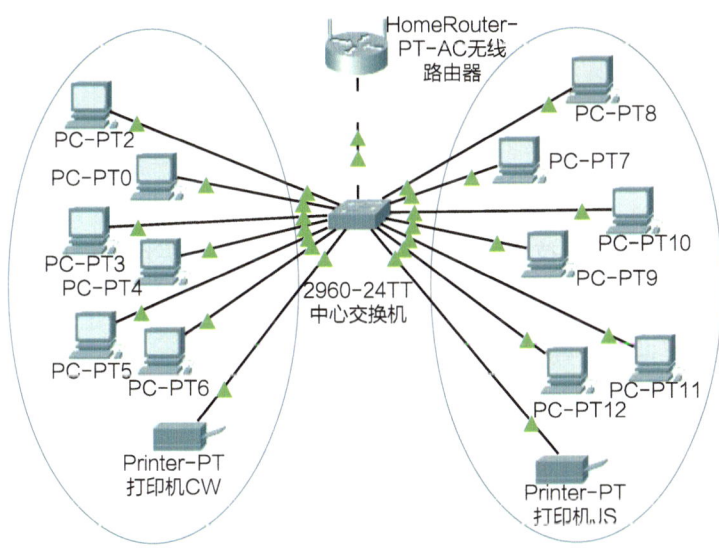

图3-1-1　某网络公司网络拓扑结构图

活动2　准备网络设备。

步骤1　根据绘制的拓扑图列出组网所需网络设备及数量，填入表3-1-2中。

表 3-1-2　网络设备及数量

所需设备	数量	说明

步骤 2　为每台计算机设置计算机名和 IP 地址，填入表 3-1-3。

表 3-1-3　计算机名和 IP 地址规划

计算机编号	计算机名	IP

步骤 3　上网查询所需设备的型号、价格、性能等，填入表 3-1-4。

表 3-1-4　设备相关信息

设备名称	型号	价格 / 元	性能

知识储备

1. 网络设计原则

网络设计的目标是选择合适的技术和设备进行合适的配置，实现组网。但怎样才能做到合适呢？这取决于规划者对客户及其需求的了解程度。可以用不同的技术进行组网，但成功的网络设计都要遵循一些最基本的原则。

- 先进性：采用先进且成熟的技术，满足当前及未来需求。
- 可靠性：确保数据传输和业务连续性，提供持续服务。
- 安全性：保护网络免受非法侵入和信息泄露，保障数据安全。
- 实用性：结合实际应用需求，实现高性能与实用性的平衡。
- 可扩展性：考虑未来业务发展，确保系统易于扩展。
- 经济性：降低成本，充分利用和保护现有设备和投资。
- 开放性：采用国家标准和国际标准，保障系统设计的延续性。

- 利旧：尽可能利用现有网络设备和资源，减少投资。
- 高效性：提高系统运行效率，满足用户对高效网络的需求。
- 无瓶颈：全局考虑各部分性能，避免性能瓶颈。

2. 以太网定义及标准

以太网是由美国电气电子工程师学会（IEEE）和 ISO 于 1985 年共同推出的，也称为 IEEE 802.3 标准。它定义了一种用于在局域网内部传输数据的协议，包括物理层的连线、电信号和介质访问层协议的内容。

以太网标准的应用非常广泛，它可以用于局域网中的计算机之间的数据传输，也可以用于局域网中的设备之间的数据传输，还可以用于局域网中的服务器之间的数据传输。此外，以太网标准还可以用于实现局域网中的网络服务，如 IP 地址分配、路由器的设置等。同时，以太网技术还向接入网、城域网、广域网/骨干网方面拓展，形成基于 IP/Ethernet 的端到端无缝连接。

常见的以太网标准包括 10Mbit/s 的传统以太网（如 10Base-5、10Base-2 和 10Base-T）、100Mbit/s 的快速以太网以及 1000Mbit/s 的千兆以太网，这些标准不断演进以满足不同应用场景下对网络速度和带宽的需求。

局域网（Local Area Network，LAN）的标准主要由 IEEE 802 系列标准定义，以下是一些关键的局域网标准：

- IEEE 802.1：涉及局域网体系结构、寻址、网络互联和网络管理。
- IEEE 802.2：定义了逻辑链路控制子层（LLC）。
- IEEE 802.3：以太网介质访问控制协议（CSMA/CD）及物理层技术规范，包括 10Base-T、100Base-TX、1000Base-T 等以太网标准。
- IEEE 802.4：令牌总线网（Token-Bus）的介质访问控制协议及物理层技术规范。
- IEEE 802.5：令牌环网（Token-Ring）的介质访问控制协议及物理层技术规范。
- IEEE 802.6：城域网（MAN）的媒体访问控制（MAC）子层和物理层规范。
- IEEE 802.7：宽带技术咨询组，为其他分委员会提供宽带网络技术的建议和咨询。
- IEEE 802.8：光纤技术咨询组，为其他分委员会提供使用有关光纤网络技术的建议和咨询。
- IEEE 802.9：集成数据和语音网络（Voice over Internet Protocol，VoIP）定义了综合语音/数据终端访问综合语音/数据局域网的媒体访问控制（MAC）子层和物理层规范。
- IEEE 802.10：可互操作局域网安全标准，定义局域网互联安全机制。

- IEEE 802.11：无线局域网（WLAN）的介质访问控制协议及物理层技术规范，包括 802.11a、802.11b、802.11g、802.11n 等多个子标准。

3. 小型局域网 IP 地址规划

在搭建小型局域网时，IP 地址规划是非常重要的一步。对于小型企业或办公室的小型局域网，通常使用私有 IP 地址空间。私有 IP 地址不会在互联网上公开传输，因此可以确保网络的安全性。IP 地址规划应遵循以下原则：

- 唯一性：确保每个设备的 IP 地址在局域网内是唯一的，以避免地址冲突。
- 连续性：尽量为同一子网内的设备分配连续的 IP 地址，便于管理和记忆。
- 可扩展性：在规划 IP 地址时，要考虑到未来网络扩展的可能性，预留足够的 IP 地址空间。

4. 交换机管理方式

在第一次配置交换机时，网络管理员需要通过交换机的 console 接口进行配置。具体方式如下：

步骤 1　在 Cisco Packet Tracer 中通过连接 console 口的方式模拟交换机开机，如图 3-1-2 所示。

图 3-1-2　通过连接 console 口的方式模拟交换机开机

步骤 2　打开计算机的"Desktop"选项卡界面，如图 3-1-3 所示。

步骤 3　对"终端"功能进行设置，调整超级终端的参数，如图 3-1-4 所示。

步骤 4　计算机终端连接上交换机后，就可以对交换机进行配置了，如图 3-1-5 所示。

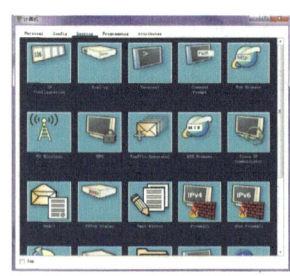

图 3-1-3　计算机的"Desktop"选项卡界面

图 3-1-4　超级终端参数设置

图 3-1-5　计算机终端连接上交换机

任务 2
选择和配置交换机

> 任务描述

某网络公司根据组网需求及后续发展，购入了一台网管型交换机。根据公司网络规划，网络管理员需要将刚刚购买的新交换机配置后投入使用。

> 任务分析

在小型办公网络中，将计算机通过综合布线系统与交换机连在一起，并通过交换机连接到外部宽带网络上。交换机的选择除了要保证网络的使用安全，更要价钱合理，性能优异，需要在性能与适用上寻找一个平衡。很多小型网络的交换机采用桌面非网管型交换机，不需要配置，接上电源即可工作；网管型交换机则需要管理员手动配置再投入使用。

> 任务目标

- 了解交换机的功能特性。
- 熟悉交换机的各个模式。
- 掌握交换机的基础配置。

> 任务布置

活动 1　设备选用。
活动 2　交换机基础配置。

> 任务实施

活动 1　设备选用。
根据该公司的工作环境、拓展需求、维护管理、成本控制等方面，查阅相关资料，分析交换机的选用参数，填入表 3-2-1 中。

表 3-2-1 交换机的选用参数

网管型/非网管型	端口数量	背板带宽	传输速率	品牌质量

活动 2 交换机基础配置。

本任务以 Cisco Packet Tracer 8.0 版本模拟器实现，交换机使用模拟器中型号为 2960 的交换机完成配置。

步骤 1　交换机模式切换。

交换机在配置和管理过程中常用的三种不同操作模式：用户模式、特权模式和全局配置模式。

微课 09：交换机配置和端口隔离 1

用户模式：提示符为"Switch>"，该模式下对交换机的配置和管理权限非常有限，只能执行一些基本的查看命令，可使用"？"命令显示该模式下所有命令，如图 3-2-1 所示。

特权模式：提示符为"Switch#"，该模式下提供更高级的查看和调试功能，

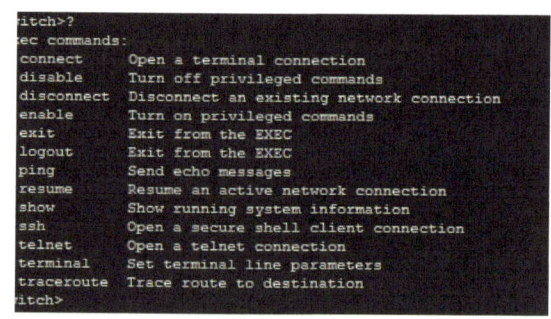

图 3-2-1 使用"？"命令显示所有该模式下的命令

可查看更详细的系统信息、配置文件内容等，能执行基本的故障诊断和调试，如使用"show running-config"查看配置文件，使用"debug ip packet"对 IP 数据包进行调试等。特权模式下的命令如图 3-2-2 所示。

全局配置模式：提示符为"Switch(config)#"，该模式下可以配置交换机的全局参数，可以对交换机的各种参数进行设置，如配置端口参数、VLAN、路由协议等，输入的命令会影响整个交换机的运行环境，如图 3-2-3 所示。

图 3-2-2 特权模式下的命令　　　　图 3-2-3 全局配置模式下的命令

在不同模式下进行切换的命令见表3-2-2。

表3-2-2 模式切换命令

操作	命令
从用户模式进入特权模式	enable
从特权模式进入全局配置模式	config terminal
返回上一级模式	exit
从任意模式返回特权模式	end

模式之间的切换如图3-2-4所示。

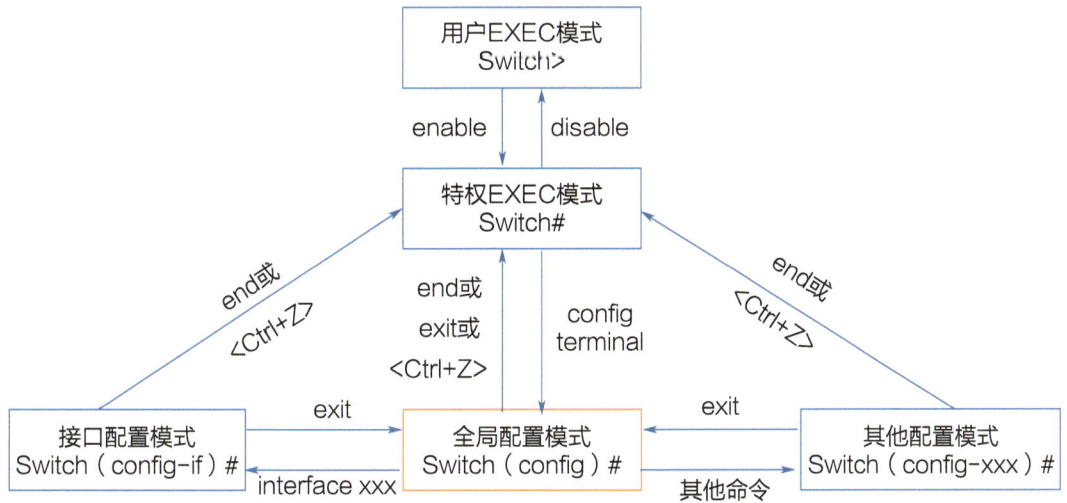

图3-2-4 交换机各个模式之间的切换

步骤2 交换机基础配置。

1）交换机恢复出厂设置。

```
Switch>enable         //进入特权模式
Switch#erase startup-config    //擦除交换机的启动配置文件
Switch#reload         //重启交换机
```

2）为交换机修改名称。

```
Switch>enable
Switch#configure terminal      //进入全局配置模式
Switch(config)#hostname SWA    //修改交换机名称
SWA(config)#
```

3）设置交换机的系统时间及其所在时区，命令的格式为"clock set 时间（00：00：00）日 月（英文简写）年"。

```
SWA#show clock        // 查看当前时间
*0:17:48.738 UTC Mon Mar 1 1993
SWA#clock set 15:00:00 9 Dec 2024        // 设置时间为2024年12月9日15时00分00秒
SWA#show clock
*15:0:2.310 UTC Mon Dec 9 2024
```

4）设置交换机控制台密码为123，避免console接口被恶意访问。

```
SWA#configure terminal
SWA(config)#line console 0
SWA(config-line)#password 123
SWA(config-line)#login
SWA(config-line)#exit
SWA(config)#exit
SWA#exit    // 重新进入交换机配置，需要输入密码
User Access Verification
Password:
```

5）配置交换机特权密码为456。退出到用户模式，重新进入特权模式，验证密码。

```
SWA#configure terminal
SWA(config)#enable password 456
SWA(config)#exit
SWA#exit
SWA>ena
Password:
```

6）配置交换机的接口IP地址和网关。

```
SWA(config)#interface vlan 1    // 进入VLAN 1接口
SWA(config-if)#ip address 192.168.1.1 255.255.255.0    // 配置VLAN 1接口的IP地址和子网掩码
SWA(config-if)#no shutdown    // 开启接口
SWA(config)#ip default-gateway 192.168.1.254        // 配置网关
SWA(config)#exit
SWA#show running-config    // 退出全局配置模式，查看配置文件
```

7）配置交换机的接口双工模式为自动协商模式。

```
SWA(config)#interface fa0/1      // 进入 fa0/1 接口
SWA(config-if)#duplex ?          // 查看可用选项
auto Enable AUTO duplex configuration
full Force full duplex operation
half Force half-duplex operation
SWA(config-if)#duplex auto       // 配置接口的双工模式为自动协商
SWA(config-if)#
```

8）配置交换机接口速度为 100Mbit/s。

```
SWA(config-if)#interface fa0/1
SWA(config-if)#speed ?
10 Force 10 Mbit/s operation
100 Force 100 Mbit/s operation
auto Enable AUTO speed configuration
SWA(config-if)#speed 100         // 配置接口速率为 100Mbit/s
SWA(config-if)#exit
SWA #show interfaces f0/1        // 查看 f0/1 的配置情况
FastEthernet0/1 is up, line protocol is up (connected)
Hardware is Lance, address is 0030.f202.9701 (bia 0030.f202.9701)
BW 100000 Kbit, DLY 1000 usec,
reliability 255/255, txload 1/255, rxload 1/255
Encapsulation ARPA, loopback not set
Keepalive set (10 sec)
Full-duplex, 100Mb/s             // 双工模式为全双工，速率为 100Mbit/s
input flow-control is off, output flow-control is off
……（此处省略）
```

9）保存交换机配置。

```
SWA#write       // 将设备当前运行配置（running-config）保存到启动配置（startup-config）中
Building configuration...
[OK]
SWA#
```

10）查看交换机配置文件，在特权模式下运行"show running-config"，如图 3-2-5 所示。

图 3-2-5　查看交换机当前运行配置文件

知识储备

1. 交换机的功能

微课 10：认识交换机

交换机（Switch）是一种用于电（光）信号转发的网络设备，它可以为接入交换机的任意两个网络节点提供独享的电信号通路。交换机的主要功能包括以下几个方面：

1）数据交换：交换机的主要功能是在不同的网络端口之间高效地转发数据包。通过内部的处理机制，交换机能够识别数据包的目标地址，并将其转发到正确的端口，从而实现数据的快速传输。交换机数据交换分为存储转发交换和直通交换。存储转发交换是交换机收到整个数据帧后，使用循环冗余校验（CRC）的错误检查机制检查这个帧是否存在错误，再对帧做出转发决策；直通交换是在确定入向帧的目的 MAC 地址和出向端口之后开始转发。

2）学习功能：交换机具有学习功能，能够自动学习并记录连接到它的各个设备的 MAC 地址。这有助于交换机更准确地转发数据包，提高网络效率。

3）安全和管理功能：现代的交换机通常配备有强大的安全和管理功能，如访问控制列表（ACL）、端口安全、VLAN 划分等。这些功能可以帮助管理员更好地管理网络，提高网络的安全性。

4）支持虚拟局域网（VLAN）：通过 VLAN 技术，交换机可以将网络划分为多个逻辑子网，从而提高网络的可管理性和安全性。每个 VLAN 都可以看作一个独立的网络，具有自己的 IP 地址和子网掩码。

5）链路聚合：交换机支持链路聚合功能，可以将多个物理链路捆绑成一个逻辑链路，从而提供更高的带宽和可靠性。这有助于满足高带宽需求的应用场景，如大数据传输、视频流等。

6）路由功能：三层交换机与路由器功能相同，根据 IP 地址进行数据包的转发，它维护着一个记录了不同网络之间的路径信息的路由表。

动画 05：以太网交换机的工作原理

2. 交换机的工作原理

交换机是一种智能网络设备，它依据网络适配器的 MAC 地址进行数据包的处理与转发。该设备具备自动学习 MAC 地址的功能，能将学习到的 MAC 地址及其对应的接口信息存储在其内部的 MAC 地址表中。当交换机接收到数据包时，它会首先记录数据包来源的 MAC 地址及其接入端口，并查询 MAC 地址表以确定数据包的目的地。若表中存在目标 MAC 地址的记录，交换机将直接通过对应的端口发送数据包（即单播方式）。若表中无目标 MAC 地址的记录，交换机则会将数据包从除接收端口外的其他所有端口发送出去（即广播方式）。

以 6 口的交换机为例介绍数据帧的交换过程，如图 3-2-6 所示。交换机有 6 个端口，其中端口 F0/1、F0/3、F0/5、F0/6 分别连接了 PC A、PC B、PC C 与 PC D。交换机地址映射表根据以上端口号与节点 MAC 地址建立对应关系。PC A 要向 PC B 发送数据帧，那么该帧中目的地址为 B 的地址（00-D0-BC-3E-E6-31）。当 A 通过交换机传送数据帧时，交换机根据"端口号/MAC 地址映射表"的对应关系找出对应帧目的地址的输出端口号（F0/3），就可以为 A 到 B 建立 F0/1 到 F0/3 的连接。如果 PC A 需要向 PC E 发送数据帧，那么在检索地址映射表时发现没有 PC E 的相关条目。为了保证数据

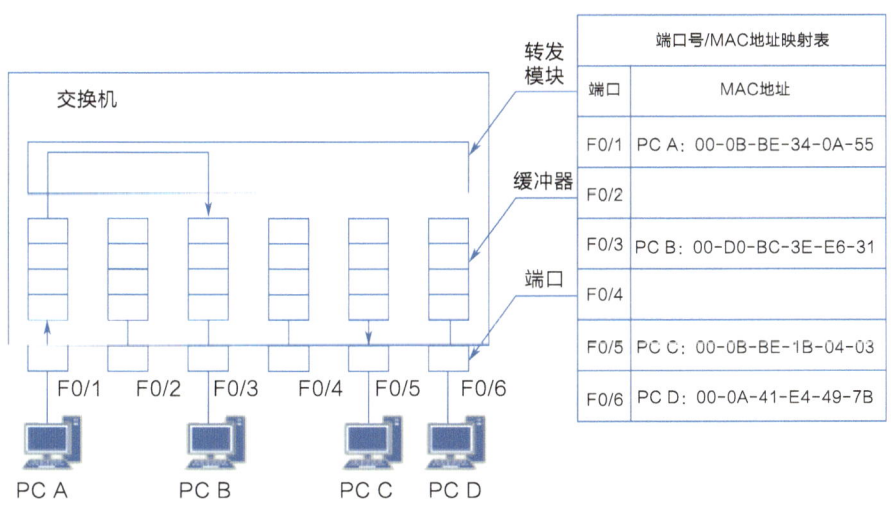

图 3-2-6 交换机的交换过程

能够到达正确的目的地，交换机向除 F0/1 之外的所有端口转发信息。当 PC E 发送应答帧或发送数据帧时，交换机就可以获得 PC E 与交换机端口的对应关系，并将得到的信息存储到地址映射表中。

MAC 地址表作为交换机内部的核心数据结构，存储了网络上所有节点的 MAC 地址及其连接端口信息，便于交换机根据目标地址快速定位并发送数据包，从而优化网络传输效率并减少带宽浪费。

3. 交换机的选购

交换机的选用需要注意参数是否能满足局域网的需求。主要参数为：

（1）端口数量

端口数量是指网络能连接的计算机数量。现在市场上交换机比较多的是 8 口、16 口、24 口和 48 口，可以根据网络内部计算机数量的多少来选择，而且在选购的时候还应该注意留有一些冗余的端口，以便日后增加计算机数量。

（2）背板带宽

背板带宽是指交换机接口处理器或接口卡和数据总线间所能吞吐的最大数据量。背板带宽标志了交换机总的数据交换能力，单位为 Gbit/s，也称为交换带宽，一般交换机的背板带宽从几 Gbit/s 到上百 Gbit/s 不等。一台交换机的背板带宽越高，处理数据的能力就越强。

（3）传输速率

交换机传输速率是指交换机端口的数据交换速率。目前常见的有 10Mbit/s、100Mbit/s 和 1000Mbit/s 等几类。在小型网络中，一般选择 10/100Mbit/s 自适应交换机，带宽需求较大的可以选择千兆网络交换机。

（4）品牌质量

现在市场上的交换机品牌很多，如 H3C、华为、中兴、神州数码等产品的质量和功能都比较好，价格比一般品牌的交换机贵一些。若要求性价比高一些，可选择 D-LINK、TP-LINK 等品牌的产品。

任务 3
实现端口隔离

任务描述

该网络公司的网络管理员计划通过交换机的 VLAN 技术来实现端口隔离，达成该公司相同部门间能相互通信、不同部门间不能通信的组网需求。

任务分析

为了保证两个部门相对独立，需要划分对应的 VLAN，使交换机的某些接口属于技术部，某些接口属于财务部，这样就能保证它们之间的数据互不干扰，也不影响各自的通信效率。

任务目标

- 了解交换机端口隔离的原理。
- 掌握配置交换机实现端口隔离的方法。

任务布置

活动 1　部署规划 VLAN。
活动 2　配置交换机实现端口隔离。

任务实施

活动 1　部署规划 VLAN。
步骤 1　根据该网络公司的组网需求，网络规划 VLAN 见表 3-3-1。

表 3-3-1　网络规划 VLAN

交换机端口	所属 VLAN	所属计算机编号	所属计算机 IP
fa0/1-fa0/6	VLAN 10	1-6	192.168.1.10-15 /24
fa0/7-fa0/12	VLAN 20	7-12	192.168.1.20-25 /24
fa0/13-fa0/24	VLAN 1	—	—

步骤 2　根据规划在 Cisco Packet Tracer 软件中连接拓扑结构，如图 3-3-1 所示。

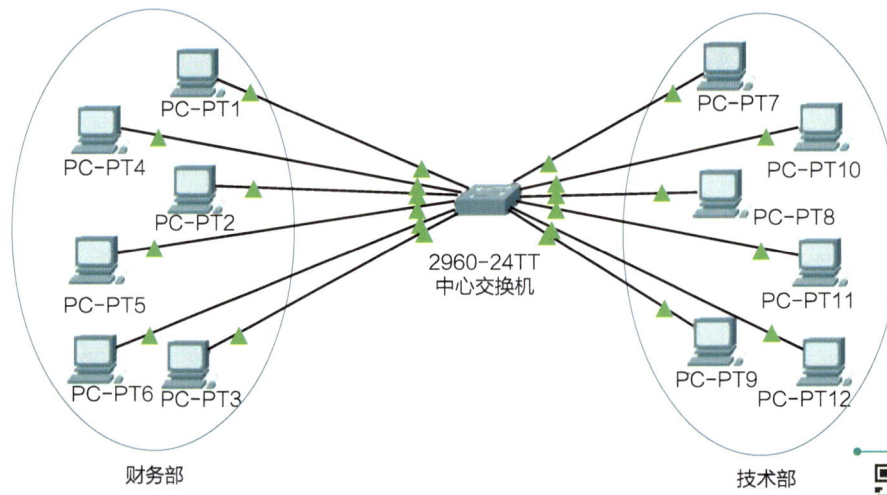

图 3-3-1　某公司小型办公网络拓扑结构

微课 11：交换机配置和端口隔离 2

活动 2　配置交换机实现端口隔离。

步骤 1　交换机更名。

```
Switch>enable
Switch#configure terminal
Switch(config)#hostname SWA
```

步骤 2　创建 VLAN。

```
SWA(config)#vlan 10          //创建 VLAN 10
SWA(config-vlan)#name caiwubu     //将 VLAN 命名为 caiwubu
SWA(config-vlan)#vlan 20
SWA(config-vlan)#name jishubu
SWA(config-vlan)#exit
```

步骤 3　分配端口。

```
SWA(config)#interface range fa0/1-6        //进入端口 fa0/1 到 fa0/6
SWA(config-if-range)#switchport mode access     //设置端口模式为 Access 模式
SWA(config-if-range)#switchport access vlan 10   //允许 VLAN 10 通过

SWA(config-if-range)#interface range fa0/7-12
SWA(config-if-range)#switchport mode access
SWA(config-if-range)#switchport access vlan 20
```

步骤 4　查看 VLAN，在特权模式下输入"show vlan"可查看 VLAN 的配置情况，如图 3-3-2 所示。

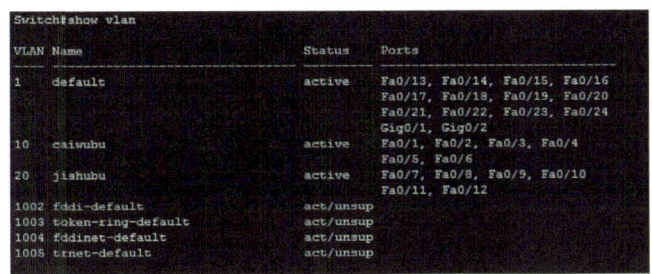

图 3-3-2　查看 VLAN 的配置情况

步骤 5　验证结果，填入表 3-3-2 中。

表 3-3-2　划分 VLAN 之后的结果

动作	联通情况
PC1 ping PC2	□通　□不通
PC1 ping PC7	□通　□不通
PC7 ping PC8	□通　□不通

知识储备

1. VLAN 技术

虚拟局域网（Virtual Local Area Network，VLAN）技术在局域网互联时得到了广泛的推广和应用。VLAN 是指在物理网络中根据用途、工作组、应用等进行逻辑划分的局域网，是一个广播域，与用户的物理位置没有关系。在交换网络内，通过 VLAN 可以灵活地进行分段和组织。VLAN 基于逻辑连接，而不是物理连接。VLAN 使用逻辑连接对局域网内的设备进行分组。将设备按逻辑分组到 VLAN 中能够实现更好的安全性、提升网络性能、降低成本，并且能够帮助 IT 员工更有效地管理网络用户。

VLAN 允许管理员根据功能、项目组或应用程序等因素划分网络，而不必考虑用户或设备的物理位置。虽然 VLAN 中的设备与其他 VLAN 共享通用基础设施，但 VLAN 中设备的运行与在自己的独立网络中运行一样。交换机所有的接口可以同属于一个 VLAN，并且单播、广播和组播数据包仅转发并泛洪至数据包源 VLAN 中的终端。每个 VLAN 都被视为一个独立的逻辑网络。发往不属于 VLAN 站点的数据包必须通过支持路由的设备进行转发。

VLAN 创建的逻辑广播域可以跨越多个物理 LAN 网段。VLAN 通过将大型广播域细分为较小的网段来提高网络性能。如果一个 VLAN 中的设备发送广播以太网帧，那么该 VLAN 中的所有设备都会收到该帧，但是其他 VLAN 中的设备收不到。

VLAN 的优势见表 3-3-3。

表 3-3-3　VLAN 的优势

优势	描述
广播域更小	网络划分 VLAN 可以减少广播域内的设备数量
安全性能提升	只有同一 VLAN 内的用户才能通信，VLAN 间的通信需要一台路由器或第 3 层交换机，可使用访问控制列表来限制 VLAN 间的流量
成本降低、效率提升	简化网络管理，减少昂贵的网络升级需求，较少的广播域减少不必要的流量，提高性能

2. VLAN 的创建与删除

在交换机的配置中，最好为每个 VLAN 命名，创建和删除 VLAN 的命令见表 3-3-4。

表 3-3-4　创建和删除 VLAN 的命令

任务	命令
进入特权模式	Switch>enable
进入全局配置模式	Switch#configure terminal
使用有效的 ID 号创建 VLAN	Switch(config)#vlan *vlan-ID*
为 VLAN 指定唯一的名称	Switch(config-vlan)#name *vlan-name*
返回到特权模式	Switch(config-vlan)#end
删除 VLAN	Switch(config)#no vlan *vlan-ID*

3. 交换机的端口模式

在以太网中交换机的端口有三种链路类型：Access、Trunk 和 Hybrid。

Access 类型的端口只能属于 1 个 VLAN，一般用于连接计算机的端口。

Trunk 类型的端口可以允许多个 VLAN 通过，可以接收和发送多个 VLAN 的报文，一般用于交换机之间连接的端口。

Hybrid 类型的端口可以允许多个 VLAN 通过，可以接收和发送多个 VLAN 的报文，可以用于交换机之间的连接，也可以用于连接用户计算机。一般情况下较少使用。

4. 为 VLAN 分配端口

创建 VLAN 后，为 VLAN 分配端口，命令见表 3-3-5。

表 3-3-5　VLAN 端口分配

任务	命令
进入特权模式	Switch>enable
进入全局配置模式	Switch#configure terminal
使用有效的 ID 号创建 VLAN	Switch(config)#interface *range interface-ID*
将端口设置为 Access 模式	Switch(config-if-range)#switchport mode access
将端口分配给 VLAN	Switch(config-if-range)#switchport access vlan *vlan-ID*
返回到特权模式	Switch(config-if-range)#end
删除端口	Switch(config)#interface *range interface-ID* Switch(config-if)#no switchport access vlan *vlan-ID*

5. VLAN 的中继配置

VLAN 中继是两台交换机（或交换机与路由器）之间的第 2 层链路，用于承载所有的 VLAN 流量，接下来配置 VLAN 的 Trunk 模式，允许多个 VLAN 的流量通过，见表 3-3-6。

表 3-3-6　VLAN 的中继配置

任务	命令
进入特权模式	Switch>enable
进入全局配置模式	Switch#configure terminal
使用有效的 ID 号创建 VLAN	Switch(config)#interface *interface-ID*
将端口设置为 Trunk 模式	Switch(config-if)#switchport mode trunk
指定中断继链路上允许的列表	Switch(config-if)#switchport trunk allowed vlan *vlan-list*
返回到特权模式	Switch(config-if)#end

6. VLAN 的验证

在配置 VLAN 之后，用 show vlan 命令来显示已配置的 VLAN 信息。show vlan 命令的可选项见表 3-3-7。

表 3-3-7　show vlan 命令的可选项

任务	命令
逐行显示 VLAN 名称、状态及端口	Switch#show vlan *brief*
显示 VLAN ID 的信息。对于 vlan-id，范围是 1～4094	Switch#show vlan *id vlan-id*
显示 VLAN 名称的信息	Switch#show vlan *name vlan-name*
显示 VLAN 的汇总信息	Switch#show vlan *summary*

任务 4
实现无线连接

任务描述　该网络公司的网络管理员计划通过加装无线路由器来实现移动终端设备的无线上网。

任务分析　根据该公司网络规划的需要，当客户的无线网络初始规模较小时，可采用加装无线路由器的方式实现移动终端设备的无线上网。无线路由器的设置包括网段的配置及安全连接配置。

任务目标
- 了解无线网络的功能和用途。
- 掌握小型无线路由器的配置方法。

任务布置　
活动 1　配置无线路由器。
活动 2　无线路由器安全设置。

任务实施　
活动 1　配置无线路由器。

步骤 1　在 Cisco Packet Tracer 软件中连接无线路由拓扑，如图 3-4-1 所示。

图 3-4-1　无线路由拓扑图

步骤2 打开智能手机的浏览器,输入"http://192.168.0.1",登录无线路由器(默认登录名和密码:admin),如图3-4-2所示。

步骤3 配置无线路由器的互联网接口IP地址、局域网接口IP地址,并保存配置,如图3-4-3所示。

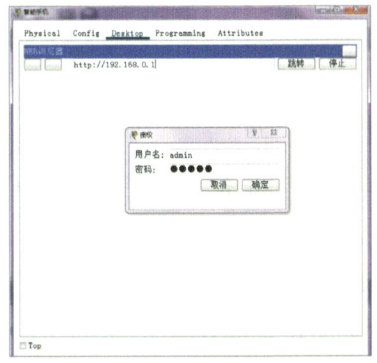

图3-4-2 登录无线路由器

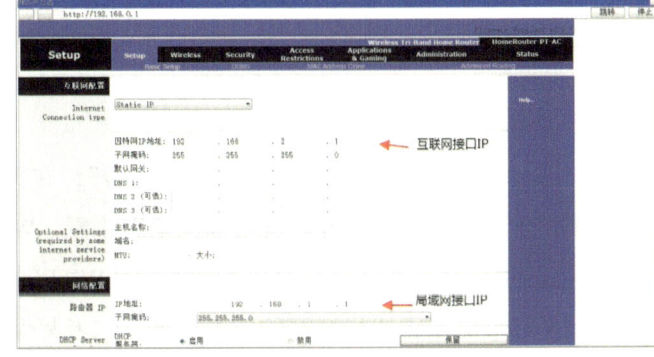

图3-4-3 配置无线路由器的接口IP地址

活动2 无线路由器安全设置。

步骤1 配置无线路由器的"Wireless"选项。修改网络名称(SSID)为"office",主频道为"1-2.412GHz",其余项为"Auto",如图3-4-4所示。

步骤2 配置无线路由器安全密码。设置"Wireless Security"(无线安全)项,修改"安全模式"为"WEP",密码为"1234567890",保存配置。注意:密码必须大于10个字符,如图3-4-5所示。

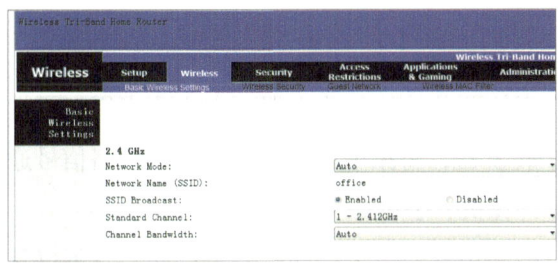

图3-4-4 配置无线路由器的"Wireless"选项

图3-4-5 配置无线路由器的密码和加密方式

知识储备

1. 无线局域网

无线局域网(Wireless Local Area Network,WLAN)是计算机网络与无线通信技术结合的产物。从专业角度讲,无线局域网利用了无线多址信道的方法来支持计算机之间的通信。通俗地说，无线局域网就是在不采用传统线缆的同时，提供以太网或者令牌网络的功能。通常计算机组网的传输介质主要依赖铜缆或光缆，构成有线局域网。但有线网络在某些场合要受到布线的限制：布线、改线工程量大，线路容易损坏，网中的各节点不可移动。特别是当要把相距较远的节点连接起来时，铺设专用通信线路的布线施工难度大、费用高、耗时长，无法满足迅速扩大的连网需求。无线局域网就是解决有线网络的限制而出现的。

2. WLAN 与 Wi-Fi

Wi-Fi 的英文全称为 "Wireless Fidelity"，在无线局域网中是指 "无线相容性认证"，实质上是一种商业认证。就目前的情况来看，Wi-Fi 已被公认为 WLAN 的代名词。但要注意的是，这二者之间有着根本的差异：Wi-Fi 是一种无线局域网产品的认证标准；而 WLAN 标准则是无线局域网的技术标准，二者都保持着同步更新的状态。

3. 无线局域网的技术标准

目前国际上有三大标准，即美国的 IEEE 802.11 系列、欧洲电信标准化协会（ETSI）的高性能局域网 HiperLAN 系列和日本无线工业及商贸联合会（ARIB）的移动多媒体接入通信（MMAC）。2003 年 5 月，两项 WLAN 中国标准已正式颁布。这两项国家标准在原则采用 IEEE 802.11／802.11b 系列标准前提下，在充分考虑和兼顾 WLAN 产品互联互通的基础上，针对 WLAN 的安全问题，给出了技术解决方案和规范要求。IEEE 802.11 系列标准是 WLAN 的主流标准。

4. 无线路由器

无线路由器（Wireless Router）是带有无线覆盖功能的路由器，它主要应用于用户上网和无线覆盖。无线路由器可以看作一个转发器，将家中墙上接出的宽带网络信号通过天线转发给附近的无线网络设备（笔记本计算机、手机等）。

无线路由器则是将单纯性无线 AP 和宽带路由器合二为一的扩展型产品，它不仅具备单纯性无线 AP 的所有功能，如支持 DHCP 客户端、支持 VPN、防火墙、支持 WEP 加密等，还包括了网络地址转换（NAT）功能，可支持局域网用户的网络连接共享，可实现家庭无线网络中的 Internet 连接共享，实现 ADSL、Cable Modem 和小区宽带的无线共享接入。

任务 5
小型局域网综合实训

任务描述

随着公司的发展和扩大,为了满足办公需求,公司前后共购入 25 台台式计算机和 2 台打印机,现要求组建小型办公网络实现相同部门间能通信,不同部门间不能通信,且手机等无线设备可无线上网,组网需求见表 3-5-1。

表 3-5-1 组网需求

楼层	部门	人数
一楼	财务部	7
一楼	技术部 1	5
二楼	技术部 2	5
二楼	市场部	8

任务分析

该公司的网络组建涉及不同区域之间相同 VLAN 的通信,要用到交换机的级联功能,即在不同区域的交换机之间配置干道链路(Trunk Link)来实现数据帧的跨设备传递。

任务目标

- 掌握小型办公网络的规划部署方法。
- 了解交换机 Trunk 接口的工作原理。
- 掌握跨交换机实现相同 VLAN 通信的配置方法。

任务布置

活动 1　部署规划网络。
活动 2　配置交换机实现跨交换机的相同 VLAN 通信。
活动 3　配置无线连接。

任务实施

活动 1 部署规划网络。

步骤 1 根据该网络公司的组网需求，规划网络及 VLAN 划分见表 3-5-2。

表 3-5-2 规划网络及 VLAN 划分

交换机名称	所属楼层及 VLAN	所属计算机编号	所属计算机 IP
SWA	一楼，VLAN 10	1 ~ 7	192.168.1.10 ~ 16 /24
SWA	一楼，VLAN 20	8 ~ 12	192.168.1.17 ~ 21 /24
SWB	二楼，VLAN 20	13 ~ 17	192.168.1.22 ~ 26 /24
SWB	二楼，VLAN 30	18 ~ 25	192.168.1.27 ~ 33 /24

步骤 2 根据规划在 Cisco Packet Tracer 软件中连接网络拓扑，如图 3-5-1 所示。

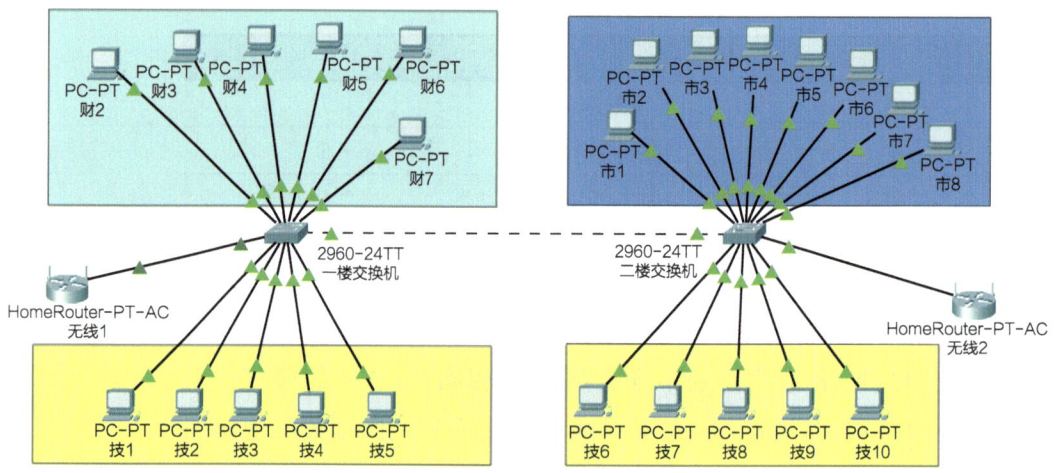

图 3-5-1 某公司小型网络拓扑结构图

活动 2 配置交换机实现跨交换机的相同 VLAN 通信。

步骤 1 交换机基础配置。

```
Switch>ena
Switch#conf t
Switch(config)#hostname SWA
```

步骤 2 创建 VLAN，分配端口。

一楼交换机 SWA：

```
SWA(config-vlan)#vlan 10
SWA(config-vlan)#name caiwubu
SWA(config-vlan)#vlan 20
SWA(config-vlan)#name jishubu1
SWA(config-vlan)#exit

SWA(config)#interface range fa0/1-7
SWA(config-if-range)#switchport mode access
SWA(config-if-range)#switchport access vlan 10

SWA(config-if-range)#int range fa0/8-12
SWA(config-if-range)#switchport mode access
SWA(config-if-range)#switchport access vlan 20
SWA(config-if-range)#end
```

二楼交换机 SWB：

```
SWB(config-vlan)#vlan 20
SWB(config-vlan)#name jishubu2
SWB(config-vlan)#vlan 30
SWB(config-vlan)#name shichangbu
SWB(config-vlan)#ex

SWB(config)#interface range fa0/1-5
SWB(config-if-range)#switchport mode access
SWB(config-if-range)#switchport access vlan 20

SWB(config-if-range)#int range fa0/6-13
SWB(config-if-range)#switchport mode access
SWB(config-if-range)#switchport access vlan 30
SWB(config-if-range)#end
```

步骤3 设置级联口。

两台交换机配置相同：

```
SWA(config)#int g0/1
SWA(config-if)#swi mode trunk
SWA(config-if)#swi trunk allowed vlan all
SWA(config-if)#
```

步骤4 查看 VLAN。

一楼交换机的 VLAN 配置如图 3-5-2 所示。

二楼交换机的 VLAN 配置如图 3-5-3 所示。

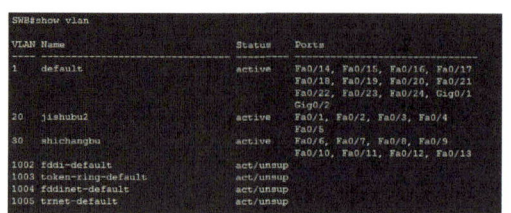

图 3-5-2　一楼交换机的 VLAN 配置　　　图 3-5-3　二楼交换机的 VLAN 配置

步骤 5　验证结果见表 3-5-3。

表 3-5-3　验证 VLAN 划分的结果

动作	结果
财 1 ping 财 2	□通　□不通
财 1 ping 技 1	□通　□不通
财 1 ping 市 1	□通　□不通
技 1 ping 技 6	□通　□不通

活动 3　配置无线连接。

步骤 1　打开智能手机的"浏览器",输入"http://192.168.0.1",登录无线路由器(默认登录名和密码: admin),如图 3-5-4 所示。

步骤 2　配置无线路由器的互联网接口 IP 地址、局域网接口 IP 地址,并保存配置,如图 3-5-5 所示。

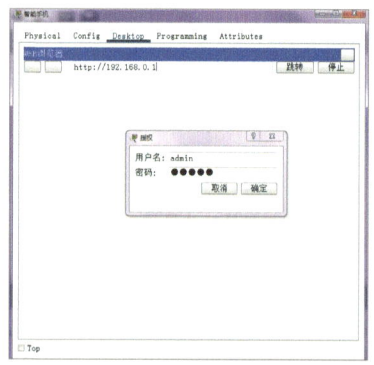

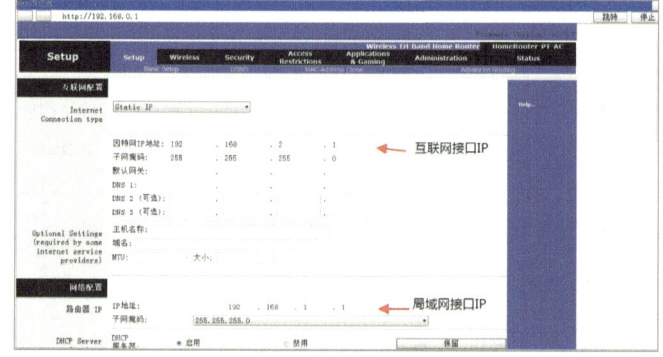

图 3-5-4　登录无线路由器　　　图 3-5-5　配置无线路由器的接口 IP 地址

步骤 3　配置无线路由器的"Wireless"选项。修改网络名称(SSID)为"office",主频道为"1-2.4 12GHz",其余项为"Auto",如图 3-5-6 所示。

步骤 4　配置无线路由器安全密码。设置"Wireless Securty"项,修改"安全模式"为"WEP",密码为"1234567890",保存配置。注意:密码必须大于 10 个字符,如图 3-5-7 所示。

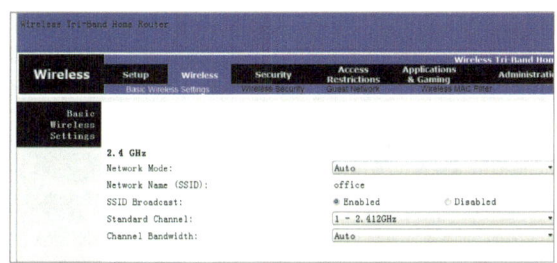 

图 3-5-6　配置无线路由器的"Wireless"选项　　图 3-5-7　配置无线路由器的密码和加密方式

知识储备

交换机级联

在以太网中，通过划分 VLAN 来隔离广播域和增强网络通信的安全性。以太网通常由多台交换机组成，为了使 VLAN 的数据帧可以跨越多台交换机进行传递，交换机之间互连的链路需要被配置为干道链路（Trunk Link）。和接入链路不同，干道链路用于在不同的设备之间（如交换机和路由器之间、交换机和交换机之间）承载多个不同的 VLAN 数据，它不属于任何一个具体的 VLAN，既可以承载所有的 VLAN 数据，也可以配置为只能传输指定的 VLAN 数据。Trunk 接口一般用于交换机之间的连接，可以属于多个 VLAN，可以接收和发送多个 VLAN 的报文。

当 Trunk 接口接收数据帧时，如果该数据帧不包含 802.1Q 的 VLAN 标签，则将打上该 Trunk 接口的 PVID；如果该数据帧包含 802.1Q 的 VLAN 标签，则该数据帧不改变。

当 Trunk 接口发送数据帧时，在所发送数据帧的 VLANID 与接口的 PVID 不同时，检查是否允许该 VLAN 通过。若允许则直接透传，否则直接丢弃；在所发送数据帧的 VLANID 与接口的 PVID 相同时，剥离 VLAN 标签后转发。

注意：在一个网络中存在两台或两台以上的交换机，并且交换机都进行了相同的 VLAN 配置时，设置交换机相互连接的接口为 Trunk 模式，并允许相应的 VLAN 通过，可以实现交换机之间相同 VLAN 的计算机的相互通信。

任务 6
三层交换机实现 VLAN 间路由

任务描述

由于业务交流的需要,现需要技术部与财务部进行信息对接,管理员计划通过替换三层设备的方式来实现不同业务部门(网段)之间的相互访问。

任务分析

在交换机中通过 VLAN 的划分实现了网络隔离,同一个 VLAN 的主机可以进行通信,而不能向网络中的其他设备发送广播消息,占据带宽。但是,如果某个 VLAN 中的主机需要与另一个 VLAN 中的主机进行通信,VLAN 间的路由就派上用场了。VLAN 间的路由需要使用三层设备,如路由器或三层交换机。

任务目标

- 掌握三层交换机的工作原理。
- 掌握配置三层交换机实现 VLAN 间路由的方法。

任务布置

活动 1 部署规划 VLAN。
活动 2 配置三层交换机实现 VLAN 间路由。

任务实施

活动 1 部署规划 VLAN。
步骤 1 将该公司的两个部门抽象为两台主机,通过一台三层交换机 3560 连接,拓扑图如图 3-6-1 所示。

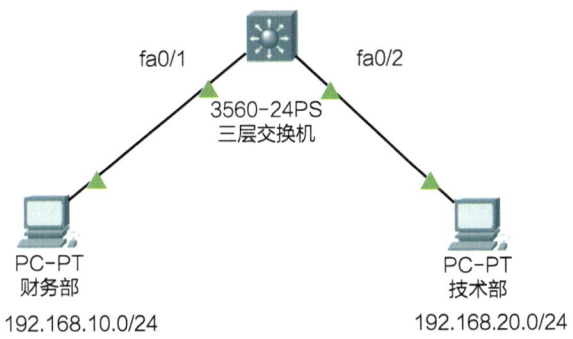

图 3-6-1 某公司部门间路由拓扑图

步骤 2 根据网络拓扑部署规划端口及 VLAN 见表 3-6-1。

表 3-6-1 端口及 VLAN 规划表

设备名称	端口	所属网络 / 部门	所属 VLAN
三层交换机 3560	Fa0/1	192.168.10.0/24 财务部	VLAN10
	Fa0/2	192.168.20.0/24 技术部	VLAN20

活动 2 配置三层交换机实现 VLAN 间路由。

步骤 1 三层交换机基础配置。

```
Switch>enable
Switch#configure terminal
Switch(config)#vlan 10
Switch(config-vlan)#exit
Switch(config)#vlan 20
Switch(config-vlan)#exit
Switch(config)#interface fa0/1
Switch(config-if)#switchport access vlan 10
Switch(config-if)#exit
Switch(config)#interface fa0/2
Switch(config-if)#switchport access vlan 20
Switch(config-if)#exit
Switch(config)#hostname SWA
SWA(config)#
```

微课 12：三层交换机实现 VLAN 间路由

步骤 2 三层交换机配置 VLAN 接口 IP 地址。

```
SWA(config)#
SWA(config)#interface vlan 10
SWA(config-if)#ip address 192.168.10.254 255.255.255.0
```

```
SWA(config-if)#no shutdown
SWA(config-if)#exit
SWA(config)#interface vlan 20
SWA(config-if)#ip address 192.168.20.254 255.255.255.0
SWA(config-if)#no shutdown
SWA(config-if)#exit
SWA(config)#
```

步骤 3　开启三层交换机路由功能。

```
SWA(config)#
SWA(config)#ip routing
SWA(config)#exit
```

步骤 4　验证 VLAN 间互通的结果。

知识储备

1. VLAN 间路由

VLAN 间的路由是把网络流量从一个 VLAN 转发到另一个 VLAN 的过程。可以有三种方式：

1）传统的 VLAN 间路由：使用一台配备的多个以太网接口的路由器，每个接口连接到不同的 VLAN 中的交换机端口，这台路由器的接口充当这个 VLAN 子网中每个本地计算机的网关。

2）单臂路由：使用路由器的一个物理以太网接口，再配置基于物理接口的虚拟子接口，就可以实现多个 VLAN 之间路由流量。

3）第 3 层交换机上的 VLAN 间路由：使用交换虚拟接口（SVI）的第 3 层交换机。

2. 三层交换机的工作原理

三层交换机是在二层交换机的基础上增加了路由选择功能的网络设备，能够基于 ASIC 和 FPGA 实现网络功能和转发分组。二层交换机通过使用 VLAN 分隔广播域，位于同一个 VLAN 下的终端才能进行数据帧交互。对于不同 VLAN 的终端有通信需求时，就必须使用路由功能，三层交换机用于由以太网构成的 Intranet 内部转发分组，而路由器作为连接互联网和 Intranet 内网之间的网关来使用。

3. 三层交换机的类型

根据三层交换机的背板容量，可分为高端交换机、中端交换机和低端交换机。

高端三层交换机：框式三层交换机由路由引擎、交换结构、线卡模块、风扇模块和电源模块组成，一般作为企业的核心交换机用在数据中心，如图 3-6-2 所示。

为了提高交换机的可靠性，除了线卡模块之外，其余模块都提供了冗余结构。电源或风扇模块通常采用 1+N 或 N+N 冗余结构，路由引擎通常采用 1+1 的冗余结构。三层交换机一般通过多台设备堆叠构成三层冗余结构，来提高整个系统的可用性。

中端三层交换机：中端三层交换机一般是箱式交换机或最大插槽数为 4 的框式交换机，用于企业核心交换机和接入交换机进行汇聚交换，如图 3-6-3 所示。

图 3-6-2 高端三层交换机

图 3-6-3 中端三层交换机

低端三层交换机：低端三层交换机一般为箱式交换机或桌面式交换机，作为企业的接入交换机使用，设备通常有 24 端口或 48 端口。有些作为 IP 电话或 WLAN 的访问接入点，还能直接使用以太网的电源供电（PoE），如图 3-6-4 所示。

图 3-6-4 低端三层交换机

项目小结

本项目深入探索了小型办公网络从设计规划到部署实现的核心内容，通过学习，详细了解了小型办公网络的组网技术、常用网络设备的选取、拓扑绘制，交换机的基本原理及一般配置方法。此外，还学习了交换机的 VLAN 技术用于实现端口隔离及跨区域相同 VLAN 通信，以及小型无线局域网的配置方法。

实战强化

一、单项选择题

1. 交换机在数据通信中的核心功能是（　　）。

A. 学习 MAC 地址表 B. 监听网络流量

C. 消除数据包冲突 D. 数据包的转发与过滤

2. 交换机进入特权模式的命令提示符是（   ）。

　　A. Switch> B. Switch#

　　C. Switch(config)# D. Switch(config-if)#

3. 交换机首次启动时，默认的访问方式是（   ）。

　　A. 通过 Console 端口 B. 通过 Telnet

　　C. 通过 Web 界面 D. 通过 SNMP

4. 在交换机上激活接口的命令是（   ）。

　　A. Switch(config-if)#enable B. Switch(config-if)#no shutdown

　　C. Switch(config-if)#activate D. Switch(config-if)#up

5. Access 端口可以分配的 VLAN 数量是（   ）。

　　A. 仅限一个 B. 最多 64 个

　　C. 最多 4096 个 D. 根据配置灵活确定

6. VLAN 的有效配置范围是（   ）。

　　A. 0～4096　　B. 1～4096　　C. 1～4095　　D. 1～4094

7. 关于 VLAN 的正确描述是（   ）。

　　A. 它隔离了广播域

　　B. VLAN 间的通信需要三层设备支持

　　C. 它限制了网络内计算机的访问权限

　　D. 它只能在同一物理交换机上划分

8. 跨 VLAN 交换机配置中，两台交换机之间的连接应使用（   ）。

　　A. 三层端口 B. Trunk 端口

　　C. 路由器 D. 相同的 VLAN 配置

9. VLAN 在局域网中的主要优势包括（   ）。

　　A. 简化了网络管理 B. 扩大了网络容量

　　C. 实现了基于部门的用户分组 D. 有效地控制了广播流量

10. 局域网（LAN）的典型特征为（   ）。

　　A. 高速度，大范围，高误码率 B. 高速度，小范围，低误码率

　　C. 低速度，小范围，低误码率 D. 低速度，小范围，高误码率

二、简答题

1. 如何登录并初始化配置一台新出厂的交换机？请说明首选的登录方式、具体设置

步骤及其原因。

2. 简述 VLAN 的显著特点及其在网络中的作用。

3. 在交换机上配置 VLAN 的具体命令和流程是什么？

4. 二层交换机与三层交换机在特性上有何异同？

收获与反思

1. 我的收获：
_____
_____

2. 我需要改进的地方：
_____
_____

拓展学习

Wi-Fi 6

Wi-Fi 6 即第六代无线网络技术（原称 IEEE 802.11.ax），是 Wi-Fi 联盟创建于 IEEE 802.11 标准的无线局域网技术。

相比 Wi-Fi 5，Wi-Fi 6 最大的传输速率由 3.5Gbit/s 提升到了 9.6Gbit/s，理论速度提升了近 3 倍。使用了与 5G 同源的 OFDMA 技术，结合 1024-QAM 高阶调制，最大可支持 160MHz 频宽。同时，Wi-Fi6 更好地发挥了 MU-MIMO（多用户—多输入多输出）技术优势，支持多个终端并行传输。

Wi-Fi 6 的智能分频技术可以支持更多设备并发，最多允许路由器同时与 8 个设备通信，提升了效率并降低延时。因其引入了目标唤醒时间（Target Wake Time，TWT）技术，只有收到传输指令时，无线路由器才进行连接，其他时间处于休眠状态，功耗可降低 30%，续航时间延长。

Wi-Fi 6 设备必须采用新一代加密安全协议 WPA3，才能通过 WiFi 联盟认证，安全更有保障。Wi-Fi 6 技术支持 2.4G 和 5G 频段共存，5G 频段相对干扰较少，更适合传输视频业务，能轻松实现 4K 视频、VR 视频所需要的高速传输。同时，它还适用于智慧家庭智能互联、大型公共场所、高密场馆、室内高密无线办公、电子教室等场景。

总的来说，Wi-Fi 6 在速度、效率、功耗、安全等方面都有显著提升，能为用户带来更好的网络体验。

项目 4
组建中型局域网

项目概述

本项目聚焦于校园网络的构建，对实际校园网络的设计流程进行了合理的精简与提炼。在规划与设计的维度上，着重对网络需求进行深入分析以及部署总体架构，涵盖了网络设备配置的关键步骤。在校园网络的实践部署环节，深入探讨了单臂路由、静态路由、动态路由等路由器互联技术，以及确保学会全网通信的核心互联技术。

学习目标

知识目标：

掌握网络系统的需求分析与结构设计

理解路由器的工作原理

理解路由协议的工作原理

能力目标：

能掌握单臂路由的配置方法

能掌握静态路由、默认路由的配置方法

能掌握 RIP 的特性及配置方法

能掌握 OSPF 协议的特性及配置方法

素质目标：

培养综合分析问题的能力

培养逻辑思维

知识导图

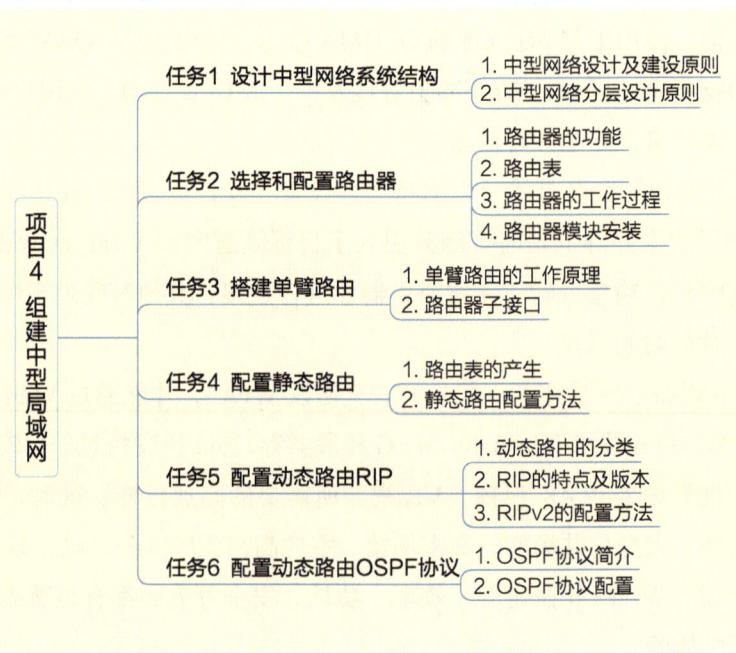

任务 1
设计中型网络系统结构

任务描述

某职业中学扩建后,需要组建统一的校园网络,实现网络的全面覆盖。因此,首先要做好网络相关的需求分析工作,再进行校园网系统建设方案的总体设计和详细设计,为后期的网络连通性实施做好充分准备。

任务分析

在组建统一的校园网时,既要最大程度保证原有资源不浪费,又要满足学校不断发展的需求。为此,系统设计应以总体规划、分步实施为原则,设计一个技术先进、扩展性强、能覆盖全校主要楼宇的校园主干网络,将学校的各种终端设备和局域网连接起来,并与有关广域网相连,为学校各类人员提供充分的网络信息服务。

任务目标

- 了解校园网设计及建设原则。
- 能规划设计校园网拓扑结构。

任务布置

小组讨论 分析校园网的组网需求。
活动 1 校园网的逻辑结构设计。
活动 2 准备网络连接设备。

任务实施

小组讨论 分析校园网的组网需求。
为组建校园网,首先需要进行网络需求分析,可按以下步骤开展。
步骤 1 明确建网目的和基本目标。
1)深入调研用户需求:与学校管理层、校园网管理团队、教师代

117

表及学生代表进行深入交流，全面收集并理解他们对于网络建设的具体需求。

2）明确网络建设需解决的关键问题：清晰界定学校期望通过网络建设解决的核心问题，确保网络建设有的放矢。

3）设定网络设计的主要目标：确立网络设计的核心目标，这些目标通常包括促进交流合作、实现重要数据资源的共享、增强对各类资源（特别是人力资源）的调控能力，以及降低与语音、数据、视频等独立网络相关的电信及网络成本。

4）界定网络设计项目的具体范畴：明确此项目的性质，是设计全新的网络，还是对现有网络进行扩建或改建。同时，确定网络的规模，是单个网段、一个（组）局域网、广域网，还是远程网络，或是构建一个完整的校园网/企业网。

5）明确用户的网络应用需求：通过填写网络应用调查表（见表4-1-1），详细调查并记录学校对网络应用的具体需求，确保网络建设能够精准满足用户的实际需求。

表4-1-1 网络应用调查表

调查项目	应用需求	重要性	备注
操作系统			
办公系统			
数据库系统			
打印、扫描业务			
邮件系统应用			
网站系统应用			
内网应用			
外网应用			
其他应用			
安全系统应用			

步骤2 分析网络约束。

1）政策约束。与学校讨论并了解其办公政策和技术发展路线、网络建设的适用协议、标准等。

2）预算约束。了解学校在网络建设方面的预算，网络设计的一个目标应是控制预算。预算包括设备采购、软件购买、系统维护和测试、系统设计和安装费用等，还应考虑信息费用及外包费用。

活动1 校园网的逻辑结构设计。

根据需求分析确定该校园网采用分层结构设计，主要根据功能要求将局域网划分相应层次，通常采用三层结构（核心层、汇聚层、接入层），如图4-1-1所示。

活动2 准备网络连接设备。

根据校园网用网需求，结合层次结构设计，将各层次设备选购要求汇总见表4-1-2。

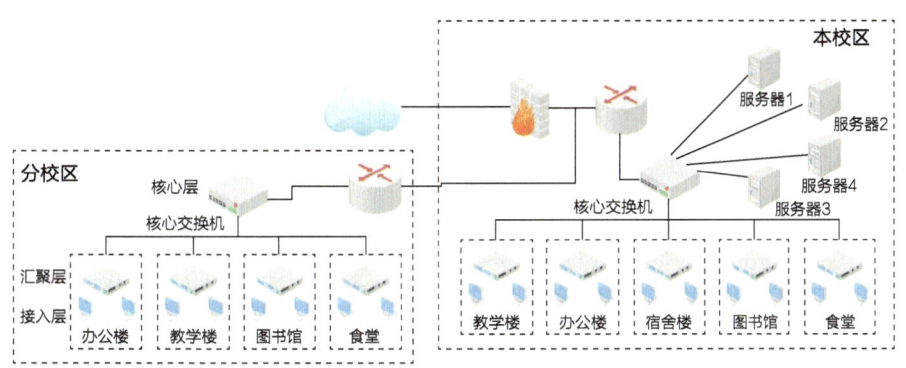

图 4-1-1 校园网网络拓扑结构

表 4-1-2 设备选购表

层次	所需设备	设备性能
接入层		
汇聚层		
核心层		

知识储备

1. 中型网络设计及建设原则

中型网络设计及建设原则涉及多个方面，以确保网络的稳定性、安全性、高效性和可扩展性。

1）需求分析：进行充分的用户和业务需求分析，确保网络设计能够满足当前和未来的需求。考虑网络规模、用户数量、业务类型、数据流量等因素，以确定网络架构和性能要求。

2）成本效益：在有限的资源下实现高性能和良好的安全性。通过合理的规划和设计，降低成本，提高性价比。

3）模块化设计：将网络划分为多个模块，每个模块具有相对独立的功能和职责。模块化设计有助于简化网络管理、提高可维护性和可扩展性。

4）标准化选型：选择符合行业标准和规范的设备和技术。标准化选型有助于降低运维成本、提高兼容性和可操作性。

5）灵活性和可扩展性：设计具有灵活性的网络架构，以适应未来业务发展和技术变革。预留足够的带宽和资源，以满足未来网络扩展的需求。

6）安全性：制定全面的安全策略，包括访问控制、数据加密、安全审计等。部署防火墙、入侵检测系统（IDS）等安全设备，确保网络安全。

7）高可用性和容错性：采用冗余设计和容错技术，提高网络的可靠性和稳定性。配置备用设备和链路，确保在网络故障时能够迅速恢复。

8）性能优化：合理分配网络带宽和资源，确保关键业务的优先传输。采用负载均衡技术，优化网络性能。

2. 中型网络分层设计原则

分层设计是一种将网络划分为不同逻辑层次的方法，每个层次承担特定的功能和责任。这种设计有助于简化网络结构，提高管理效率，增强网络的安全性和可扩展性。中型网络的分层设计原则有助于简化网络结构、提高管理效率和安全性。

（1）核心层设计原则

功能定位：核心层是网络的主干，负责高速、高效地传输数据。

设备选型：采用高性能的路由器或交换机，确保数据的高速转发和路由选择。

冗余设计：实现设备的冗余和链路的冗余，以提高网络的可靠性和稳定性。

高速传输：确保核心层设备具有足够的带宽和低延迟，以满足大数据量传输的需求。

（2）汇聚层设计原则

功能定位：汇聚层位于核心层和接入层之间，负责连接多个接入层子网，并进行流量聚合和筛选。

策略实施：在汇聚层实施安全策略、访问控制列表（ACL）和VLAN划分等功能，以提高网络的安全性和管理效率。

高性能设备：采用高性能的汇聚层交换机，确保能够处理来自接入层的所有通信流量，并提供到核心层的上行链路。

流量控制：通过流量整形、流量监控等技术，实现对网络流量的有效控制。

（3）接入层设计原则

功能定位：接入层是用户接入网络的入口，负责提供用户接入、认证和安全策略等功能。

设备选型：采用低成本的交换机或集线器，提供高密度端口以满足大量用户接入的需求。

用户接入与认证：通过认证、授权和计费（AAA）等技术，确保只有授权用户才能接入网络。

安全策略：在接入层实施端口安全、MAC地址过滤等安全策略，提高网络的安全性。

任务 2
选择和配置路由器

任务描述

网络管理员根据校园网组网需求及拓扑设计,为每个校园片区配置了合适的路由器以扩展现有网络。现在需要对刚刚购入的路由器进行模块面板的添加并在配置后投入使用。

任务分析

路由器在网络中担任了非常重要的角色,通常只有授权用户才能进行访问和配置。路由器一般提供了许多模块化功能,通过对模块的添加、更换,以支持不断提高的网络带宽和服务质量要求。一台路由器的模块越多,功能就越多,价格也相对较高。

任务目标

- 了解路由器的功能特性。
- 熟悉路由器的模块添加。
- 掌握路由器的基础配置。

任务布置

活动 1　路由器广域网模块添加。
活动 2　路由器的基础配置。

任务实施

活动 1　路由器广域网模块添加。

默认情况下,Cisco Packet Tracer 软件中的路由器没有广域网模块,不能进行 DCE 串口线的连接,因此本任务以 2911 路由器为例,学习如何添加路由器功能性模块。

步骤 1　在 Cisco Packet Tracer 中通过连接 console 口的方式模拟路由器初始配置，如图 4-2-1 所示。

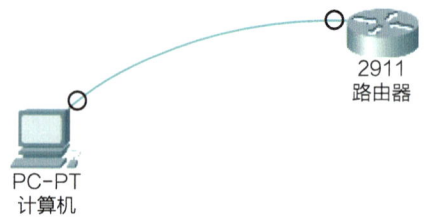

图 4-2-1　通过连接 console 口的方式模拟路由器初始配置

步骤 2　单击路由器进入物理配置面板，将路由器电源关闭，如图 4-2-2 所示。

步骤 3　在模块区域中选择"HWIC-2T"模块，将其拖动至模块面板中的插槽即可，如图 4-2-3 所示。

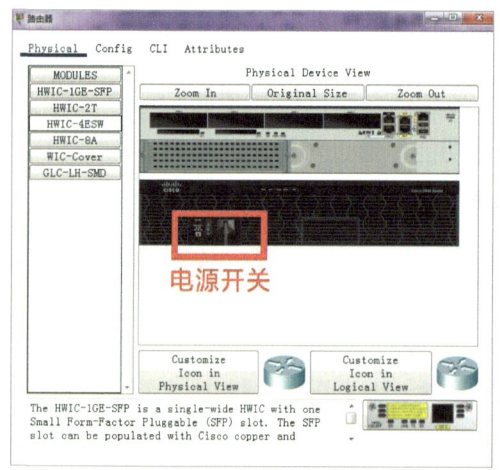

图 4-2-2　关闭路由器电源　　　　　图 4-2-3　添加"HWIC-2T"模块

步骤 4　将路由器电源开启。

活动 2　路由器的基础配置。

步骤 1　路由器模式切换。

路由器与交换机都有相应的配置模式，且切换方法也相同。本任务通过计算机超级终端界面登录配置。

```
Router>
Router>enable
Router#configure terminal
Router(config)#int g0/0
```

```
Router(config-if)#exit
Router(config)#
```

步骤 2　路由器基础配置。

1）为路由器修改名称。

```
Router>ena
Router#conf t
Router(config)#hostname R1
SWA(config)#
```

2）为路由器设置时间。

```
R1#clock set 10:00:00 20 may 2024
R1#show clock
10:0:8.825 UTC Mon May 20 2024
R1#
```

3）为路由器设置特权密码 123。

```
R1#conf t
R1(config)#enable password 123
R1(config)#enable secret 123
R1(config)#
```

4）为路由器设置 console 密码为 123456。

```
R1(config)#line console 0
R1(config-line)#password 123456
R1(config-line)#login
R1(config-line)#
```

5）为路由器设置 Telnet 登录密码。

```
R1(config)#line vty 0 5
R1(config-line)#password 654321
R1(config-line)#login
R1(config-line)#
```

6）配置路由器接口的 IP 地址。

```
R1(config)#int g0/0
R1(config-if)#ip add 192.168.1.254 255.255.255.0
R1(config-if)#no shutdown
R1(config-if)#
```

知识储备

1. 路由器的功能

路由器是互联网中的枢纽设备，主要具有以下功能：

1）网络互联：实现不同子网、不同网络协议（如 IP、TCP、UDP、ICMP 等）之间的互联。路由器可以将网络划分为多个子网段，通过逻辑划分提高网络的安全性和管理效率。

微课 13：认识路由器

2）数据处理：收发数据包，具有对数据的分组过滤、复用、加密、压缩等功能。对每个接收到的数据包重新计算校验值，并写入新的物理地址。

3）路由选择：路由是路由器接收到数据时，选择最佳的路径将数据传递到目标地址的行为。路由器根据路由表的信息，对数据包下一个目的地进行最佳路径的选择。动态更新路由表，以适应网络拓扑的变化。

4）外部网关协议和拓扑信息交换：进行外部网关协议的协商，实现不同自治域之间的拓扑信息交换。

5）网络管理和系统支持：提供网络管理功能，如配置管理、性能管理、故障管理等。支持网络系统的运行和维护，确保网络的稳定运行。

2. 路由表

路由表是存储在路由器或者三层交换机中的一张表格，路由器根据路由表来转发数据，路由表由路由协议建立和维护，包括目的网络地址、子网掩码、协议、优先级、跳数、下一跳地址、输出接口等信息组成，见表 4-2-1。

表 4-2-1　路由表

目的网络地址 / 子网掩码	协议	优先级	跳数	下一跳地址	输出接口
0.0.0.0/0	Static	60	0	120.0.0.2	Serial0
10.0.0.0/8	RIP	100	5	12.0.0.2	Serial0
20.0.0.0/8	OSPF	10	50	20.0.0.2	Ethernet0

目的网络地址：这是路由表中最关键的部分，它指定了数据包最终要到达的网络地址。目的网络地址可以是一个完整的 IP 地址，也可以是一个网络地址段（通过子网掩码来确定范围）。

协议：是路由协议，包括链路层协议发现的路由（Direct）、静态路由（Static）和动态路由（如 RIP、OSPF 等）。

跳数：即数据包到达目的网络需要经过的路由器数量。

下一跳地址：通常是与当前设备直接相连的另一个路由器或网关的接口地址。

输出接口：数据包从当前设备转发出去时所使用的物理或逻辑接口。

3. 路由器的工作过程

路由器在工作过程中时刻维持着一张路由表，所有报文的发送和转发都通过查找路由表从相应输出接口发送。路由器工作流程如图 4-2-4 所示。

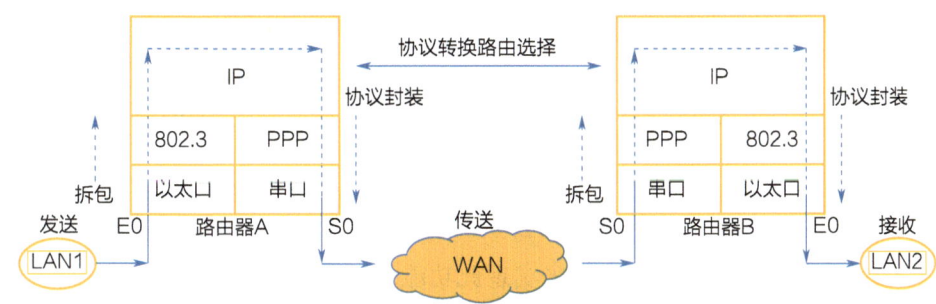

图 4-2-4　路由器的工作流程

1）物理层从路由器的输入接口收到一个报文，向上传送到数据链路层。

2）数据链路层去掉链路层封装，根据报文的协议向上传送到网络层。

3）网络层先查看报文中的目的地址是否是本机的地址，如果是，则去掉网络层封装，向上层传输；如果不是，则根据报文的目的地址查找路由表，若找到路由，则将报文送给相应的输出接口的数据链路层，数据链路层封装后，发送报文，若找不到路由，则将报文丢弃。

4. 路由器模块安装

路由器具有非常强大的网络连接和路由功能，它可以与各种各样的网络进行物理连接，这就决定了路由器的接口技术非常复杂，越是高级的路由器，其接口种类也就越多，可以添加的模块也越多。路由器的接口主要分为局域网接口、广域网接口和配置接口三大类。

1）路由器通过广域网串口互连，要使用专用的 DTE 和 DCE 串口线连接。

2）路由器通过局域网以太网接口互连，一般使用双绞线进行互连，并且一定要使用交叉线进行连接，使用直通线连接是无法通信的。

3）路由器的高速网络接入，通常使用光纤接入。

在实际的网络工程中，当需要对网络设备添加或卸下模块时，一定要先断电，再操作。

任务 3
搭建单臂路由

任务描述　　该校园网在组建初期，在交换机上对各个办公室、教室区域划分了 VLAN 后，发现不同办公室或教室之间无法进行通信，但是随着办公需求的增长，要求不同办公室、教室间也可以进行通信。因此，网络管理员决定用简单的方法来实现此功能。

任务分析　　在交换机上划分适当数量的 VLAN，不仅能有效隔离广播风暴，还能提高网络安全性及网络带宽的利用率。在划分 VLAN 后，VLAN 与 VLAN 之间由于端口隔离无法通信，使用路由器的单臂路由功能可以解决这个问题。在路由器上配置两个子端口分别对应不同的 VLAN，并封装 802.1Q 协议，配置子端口地址为对应 VLAN 的网关地址即可。

任务目标
- 了解路由器子接口的概念。
- 能实现单臂路由的配置。

任务布置
活动 1　搭建单臂路由拓扑图。
活动 2　配置单臂路由实现不同的 VLAN 通信。

任务实施
活动 1　搭建单臂路由拓扑图，如图 4-3-1 所示。

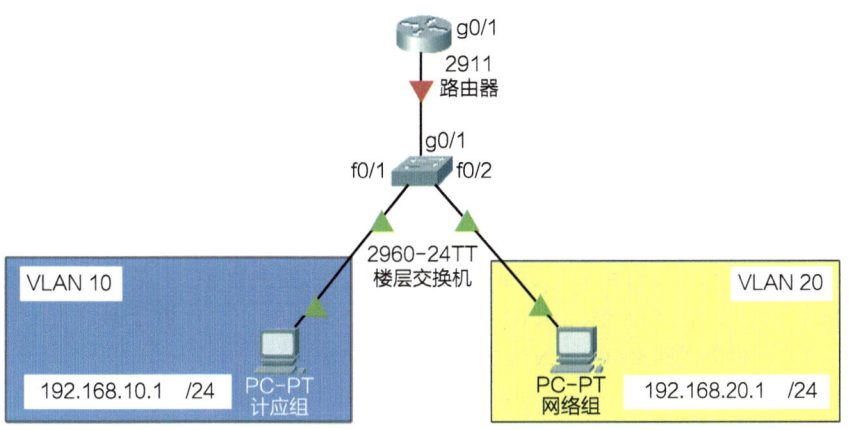

图 4-3-1 校园楼层单臂路由拓扑图

活动 2 配置单臂路由实现不同的 VLAN 通信。

步骤 1 配置交换机实现端口隔离。

```
Switch>enable
Switch#configure terminal
Switch(config)#hostname SWA
SWA(config)#vlan 10
SWA(config-vlan)#name jiyingzu
SWA(config-vlan)#vlan 20
SWA(config-vlan)#name wangluozu
SWA(config-vlan)#exit
SWA(config)#interface fa0/1
SWA(config-if)#switchport mode access
SWA(config-if)#switchport access vlan 10
SWA(config-if)#exit
SWA(config)#interface fa0/2
SWA(config-if)#switchport mode access
SWA(config-if)#switchport access vlan 20
SWA(config-if)#
```

微课14：单臂路由

步骤 2 将交换机与路由器连接的端口设置为 Trunk 模式。

```
SWA(config)#int g0/1
SWA(config-if)#switchport mode trunk
SWA(config-if)#
```

步骤 3 配置路由器子接口。特别注意，在 PC 上需要配置网关，所配置的网关为路由器子接口的 IP 地址。

```
Router>enable
Router#configure terminal
Router(config)#hostname R1
R1(config)#int g0/0          // 进入路由器 g0/0 接口配置
R1(config-if)#no shutdown    // 开启端口
R1(config-if)#exit
R1(config)#interface g0/0.1        // 进入路由器 g0/0 的子接口配置
R1(config-subif)#encapsulation dot1q 10    // 在子接口上配置 IEEE 802.1Q 封装，将以太网接口 VLAN 10 封装为 dot1q
R1(config-subif)#ip address 192.168.10.254 255.255.255.0
R1(config-subif)#no shutdown    // 开启子接口
R1(config-subif)#int g0/0.2
R1(config-subif)#encapsulation dot1q 20    // 将以太网接口 VLAN 20 封装 dot1q 协议
R1(config-subif)#ip address 192.168.20.254 255.255.255.0
R1(config-subif)#no shutdown
R1(config-subif)#
```

步骤 4　验证结果，填写表 4-3-1。

表 4-3-1　验证结果

动作	结果
计应组 ping 网络组	□通　□不通
网络组 ping 计应组	□通　□不通

知识储备

1. 单臂路由的工作原理

单臂路由（Router-on-a-stick）通过在路由器的一个物理接口上配置多个逻辑子接口，实现不同 VLAN 之间的互联互通。

在多个 VLAN 的网络环境中，如果每个 VLAN 都分配一个单独的路由器物理接口，那么随着 VLAN 数量的增加，必然需要更多的接口，但路由器能提供的接口数量是有限的。为了解决这个问题，可以在路由器的一个物理接口上通过配置子接口的方式来实现多接口功能。这些子接口作为不同 VLAN 的默认网关，当不同 VLAN 间的用户主机需要通信时，只需将数据包发送给网关，网关处理后再发送至目的主机所在的 VLAN，从而实现 VLAN 间通信。

具体来说，当数据包从一个 VLAN 发送到另一个 VLAN 时，路由器会根据 VLAN 标签将数据包转发到正确的子接口上，然后子接口会将数据包路由到目的地。这个过程中，路由器需要能够识别和处理带有 VLAN 标签的数据包，包括剥离和封装 VLAN 标签。因此，在配置单臂路由时，需要在路由器的子接口上配置对应 VLAN 的封装，并开启子接口的 ARP 广播功能。

2. 路由器子接口

路由器的子接口（Subinterface）是通过协议和技术将一个物理接口虚拟出来的多个逻辑接口。每个子接口从功能、作用上来说，与每个物理接口是没有任何区别的，它的出现打破了每个设备存在物理接口数量有限的局限性。

1）优点：打破物理接口的数量限制，允许一个路由器的单个物理接口通过划分多个子接口的方式，实现多个 VLAN 间的路由和通信；资源优化，通过合理配置和调度流量，可以优化数据传输路径，减少冗余数据包，提升网络性能；易于管理和配置，所有 VLAN 的管理可以集中在一个接口上，简化了操作的复杂性。

2）缺点：在性能问题上，多个子接口共用主接口，性能比单个物理接口差，负载大的情况下容易成为网络流量瓶颈；在配置复杂性上，使用配有中继端口的子接口会使软件配置更为复杂，不利于排查软件配置故障。

3）子接口的配置：

```
Router(config)#int g0/0
Router(config-if)#no shutdown
Router(config)#int g0/0.1
Router(config-subif)#encapsulation Dot1Q 10
Router(config-subif)#
```

任务 4
配置静态路由

任务描述 为了保证学校网络的稳定性,学校网络管理员决定在办公区、教学区和宿舍区的路由器之间使用静态路由,实现校园网络的互联互通。

任务分析 当网络拓扑较稳定时,使用静态路由实现不同网络的通信是比较合适的。本任务将校园网结构抽象为三个区域网络之间的通信,来实现静态路由的配置。

任务目标
- 了解静态路由的作用。
- 理解静态路由的工作原理。
- 掌握静态路由的配置方法

任务布置
活动 1 部署规划设备网段及接口地址。
活动 2 配置静态路由实现全网通。

任务实施
活动 1 部署规划设备网段及接口地址。
校园网静态路由配置拓扑图如图 4-4-1 所示,设备网段规划见表 4-4-1。

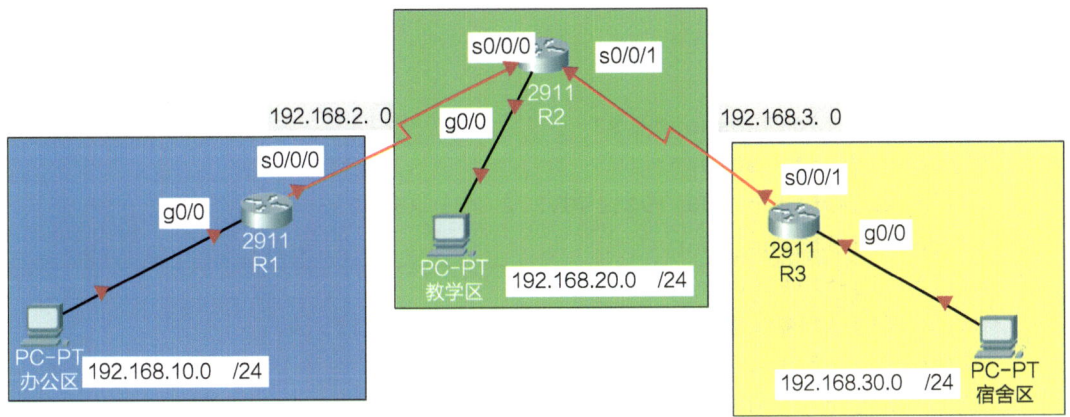

图 4-4-1 校园网静态路由配置拓扑图

表 4-4-1 校园网设备网段规划

路由器名称	端口号	所在网段	端口 IP
R1	G0/0	192.168.10.0 /24	192.168.10.254
R1	S0/0/0	192.168.2.0 /24	192.168.2.1
R2	S0/0/0	192.168.2.0 /24	192.168.2.2
R2	S0/0/1	192.168.3.0 /24	192.168.3.1
R2	G0/0	192.168.20.0 /24	192.168.20.254
R3	S0/0/1	192.168.3.0 /24	192.168.3.2
R3	G0/0	192.168.30.0 /24	192.168.30.254

活动 2　配置静态路由实现全网通。

步骤 1　配置 R1 主机名称及接口 IP。

```
Router>enable
Router#conft
Router(config)#hostname R1
R1(config)#int g0/0
R1(config-if)#ip address 192.168.10.254 255.255.255.0
R1(config-if)#no shutdown
R1(config-if)#int s0/0/0
R1(config-if)#ip address 192.168.2.1 255.255.255.0
R1(config-if)#no shutdown
R1(config-if)#
```

微课 15：静态路由

步骤 2　配置 R2 主机名称及接口 IP。

```
Router>ena
Router#conft
Router(config)#hostname R2
R2(config)#int s0/0/0
R2(config-if)#ip add 192.168.2.2 255.255.255.0
R2(config-if)#no shut
R2(config-if)#int s0/0/1
R2(config-if)#ip add 192.168.3.1 255.255.255.0
R2(config-if)#no shut
R2(config)#int g0/0
R2(config-if)#ip add 192.168.20.254 255.255.255.0
R2(config-if)#no shut
R2(config-if)#
```

步骤 3　配置 R3 主机名称及接口 IP。

```
Router>ena
Router#conft
Router(config)#hostname R3
R3(config)#int s0/0/1
R3(config-if)#ip add 192.168.3.2 255.255.255.0
R3(config-if)#no sh
R3(config-if)#int g0/0
R3(config-if)#ip add 192.168.30.254 255.255.255.0
R3(config-if)#no sh
R3(config-if)#
```

步骤 4　在 R1 上配置静态路由，配置静态路由使用"ip route"命令，其格式为"ip route 目的 IP 地址 子网掩码 下一跳 IP 地址"。

```
R1(config)#ip route 192.168.3.0 255.255.255.0 192.168.2.2
    //目的 IP 地址是 192.168.3.0，子网掩码为 255.255.255.0，下一跳 IP 地址为 192.168.2.2
R1(config)#ip route 192.168.30.0 255.255.255.0 192.168.2.2
R1(config)#ip route 192.168.20.0 255.255.255.0 192.168.2.2
R1(config)#
```

步骤 5　在 R2 上配置静态路由。

```
R2(config)#ip route 192.168.10.0 255.255.255.0 192.168.2.1
R2(config)#ip route 192.168.30.0 255.255.255.0 192.168.3.2
```

R2(config)#

步骤 6　在 R3 上配置静态路由。

```
R3(config)#ip route 192.168.10.0 255.255.255.0 192.168.3.1
R3(config)#ip route 192.168.2.0 255.255.255.0 192.168.3.1
R3(config)#ip route 192.168.20.0 255.255.255.0 192.168.3.1
R3(config)#
```

步骤 7　查看路由表，验证结果。使用"show ip route"命令查看路由表，如图 4-4-2 所示。

```
R1#show ip route
Codes: L - local, C - connected, S - static, R - RIP, M - mobile, B - BGP
       D - EIGRP, EX - EIGRP external, O - OSPF, IA - OSPF inter area
       N1 - OSPF NSSA external type 1, N2 - OSPF NSSA external type 2
       E1 - OSPF external type 1, E2 - OSPF external type 2, E - EGP
       i - IS-IS, L1 - IS-IS level-1, L2 - IS-IS level-2, ia - IS-IS inter area
       * - candidate default, U - per-user static route, o - ODR
       P - periodic downloaded static route

Gateway of last resort is not set

     192.168.2.0/24 is variably subnetted, 2 subnets, 2 masks
C       192.168.2.0/24 is directly connected, Serial0/0/0
L       192.168.2.1/32 is directly connected, Serial0/0/0
S    192.168.3.0/24 [1/0] via 192.168.2.2
     192.168.10.0/24 is variably subnetted, 2 subnets, 2 masks
C       192.168.10.0/24 is directly connected, GigabitEthernet0/0
L       192.168.10.254/32 is directly connected, GigabitEthernet0/0
S    192.168.20.0/24 [1/0] via 192.168.2.2
S    192.168.30.0/24 [1/0] via 192.168.2.2
```

图 4-4-2　R1 路由表

测试各区域 PC 的连通性，将测试结果填入表 4-4-2 中。

表 4-4-2　测试结果

动作	结果
办公区 ping 教学区	□通　□不通
办公区 ping 宿舍区	□通　□不通
教学区 ping 宿舍区	□通　□不通

知识储备

1. 路由表的产生

路由表是路由器或者其他互联网网络设备上存储的一张路由信息表，该表中存有到达特定网络终端的路径，在某些情况下，还有一些与这些路径相关的度量。路由表中含有网络周边的拓扑信息，其主要目标是实现路由协议和静态路由选择。以下是路由表产生的几种方式：

（1）本地路由（L-Local）

本地路由用于表示与设备自身接口直接相连的网络地址。这些网络地址通常是设备接口配置的 IP 地址所在的子网。

（2）直连路由（C-Connected）

直连路由是随接口的状态变化在路由表中自动出现或消失的路由。当路由器接口上配置了网络后，该网络将自动产生路由，来源为路由器自身接口。直连路由以字母 C 标识。

（3）静态路由（S-Static）

静态路由是手工设置的路由，不会随网络拓扑的变化而变化。静态路由表是由系统管理员事先设置好固定的路由表，一般是在系统安装时就根据网络的配置情况预先设定的。除非网络管理员进行干预，否则静态路由不会发生变化。静态路由不能对网络的改变作出反应，因此一般适用于网络规模不大、拓扑结构相对固定的网络。

（4）动态路由

动态路由是路由器根据网络系统的运行情况而自动调整的路由表。路由器根据路由选择协议提供的功能，自动学习和记忆网络运行情况，在需要时自动计算数据传输的最佳路径。常见的动态路由协议包括 RIP（路由信息协议）、OSPF（开放式最短路径优先）、BGP（边界网关协议）等。动态路由协议可以根据网络拓扑的变化自动调整路由表，因此适用于网络规模较大、拓扑结构复杂的网络。

（5）默认路由

默认路由是一种特殊的路由，用于转发在路由表中找不到明确路由条目的数据包。当路由器接收到一个目的地址不在路由表中的数据包时，它会根据默认路由的配置将数据包转发到指定的下一跳地址或接口。默认路由通常用于简化路由配置、处理未知目的地的数据包或作为备份路由使用。

2. 静态路由配置方法

```
ip route  目的网络的 IP 地址  子网掩码  下一跳 IP 地址 / 本地接口
```

任务 5
配置动态路由 RIP

任务描述

随着校园网及分校区规模的不断扩大，现有的网络结构中的路由器数量逐渐增多，手工配置静态路由的方式已经不适用当前环境，为了减轻工作负担，网络管理员决定在路由器之间使用动态路由协议，实现校园网络的互联互通。

任务分析

当网络规模较小时，使用静态路由实现不同网络的通信是比较合适的。但是当网络规模变大，网络设备增多时，静态路由就不再适用。路由信息协议（Routing Information Protocol，RIP）是应用较早、使用较普遍的动态路由协议。本任务将校园网结构抽象为分校区网络之间的通信，来实现动态路由的配置。

任务目标

- 了解 RIP 的作用。
- 理解 RIP 的工作原理。
- 掌握 RIP 的配置方法。

任务布置

活动 1　部署规划设备网段及接口地址。
活动 2　配置 RIP 路由实现全网通。

任务实施

活动 1　部署规划设备网段及接口地址。

校园网 RIP 路由配置拓扑图如图 4-5-1 所示，校园网设备网段规划见表 4-5-1。

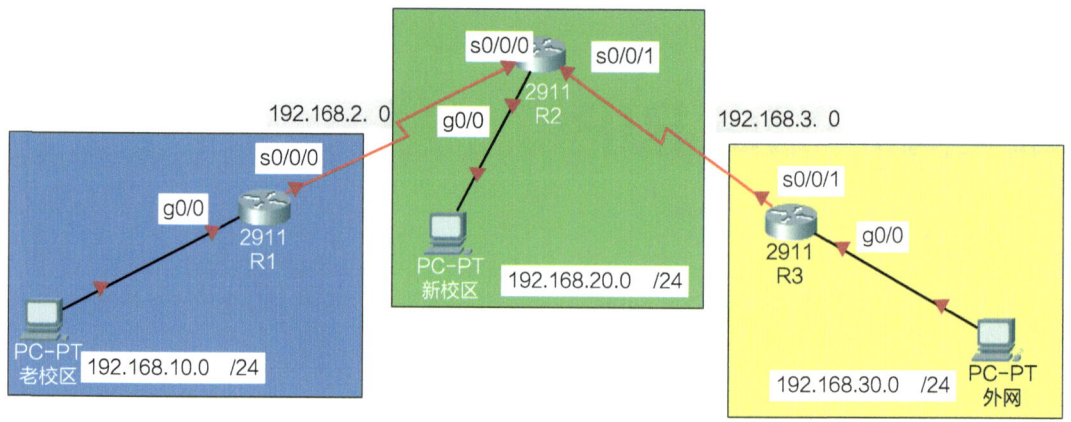

图 4-5-1 校园网 RIP 路由配置拓扑图

表 4-5-1 校园网设备网段规划

路由器名称	端口号	所在网段	端口 IP
R1	G0/0	192.168.10.0 /24	192.168.10.254
R1	S0/0/0	192.168.2.0 /24	192.168.2.1
R2	S0/0/0	192.168.2.0 /24	192.168.2.2
R2	S0/0/1	192.168.3.0 /24	192.168.3.1
R2	G0/0	192.168.20.0 /24	192.168.20.254
R3	S0/0/1	192.168.3.0 /24	192.168.3.2
R3	G0/0	192.168.30.0 /24	192.168.30.254

活动 2　配置 RIP 路由实现全网通。

步骤 1　配置 R1 主机名称及接口 IP。

```
Router>enable
Router#conft
Router(config)#hostname R1
R1(config)#int g0/0
R1(config-if)#ip add 192.168.10.254 255.255.255.0
R1(config-if)#no shutdown
R1(config-if)#int s0/0/0
R1(config-if)#ip add 192.168.2.1 255.255.255.0
R1(config-if)#no shut
R1(config-if)#
```

微课 16：RIP 路由

步骤 2　用相同方法配置 R2、R3 的主机名称及接口 IP。

步骤 3 在 R1 上配置 RIP 路由。

```
R1(config)#router rip
R1(config-router)#version 2
R1(config-router)#network 192.168.10.0
R1(config-router)#network 192.168.2.0
R1(config-router)#ex
R1(config)#
```

步骤 4 在 R2 上配置 RIP 路由。

```
R2(config)#router rip
R2(config-router)#version 2
R2(config-router)#network 192.168.2.0
R2(config-router)#network 192.168.20.0
R2(config-router)#network 192.168.3.0
R2(config-router)#ex
R2(config)#
```

步骤 5 在 R3 上配置 RIP 路由。

```
R3(config)#router rip
R3(config-router)#v 2
R3(config-router)#network 192.168.3.0
R3(config-router)#network 192.168.30.0
R3(config-router)#ex
R3(config)#
```

步骤 6 查看路由表，验证结果，如图 4-5-2 所示。将验证结果填入表 4-5-2。

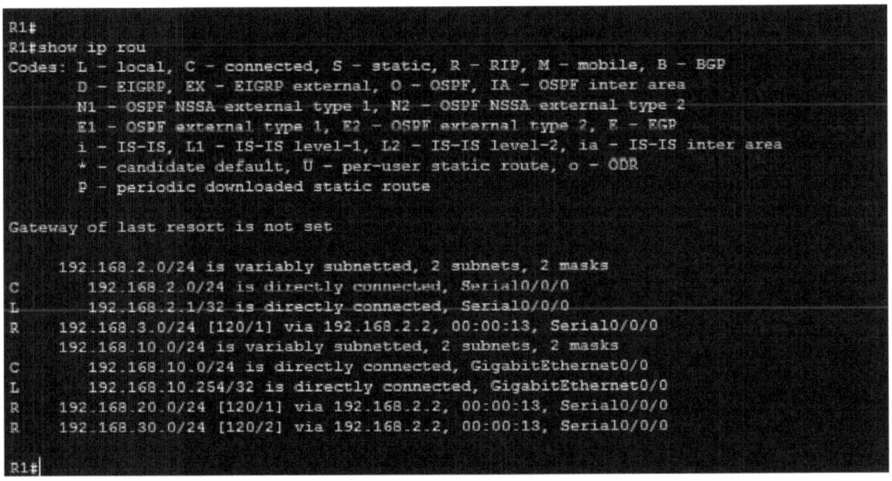

```
R1#
R1#show ip rou
Codes: L - local, C - connected, S - static, R - RIP, M - mobile, B - BGP
       D - EIGRP, EX - EIGRP external, O - OSPF, IA - OSPF inter area
       N1 - OSPF NSSA external type 1, N2 - OSPF NSSA external type 2
       E1 - OSPF external type 1, E2 - OSPF external type 2, E - EGP
       i - IS-IS, L1 - IS-IS level-1, L2 - IS-IS level-2, ia - IS-IS inter area
       * - candidate default, U - per-user static route, o - ODR
       P - periodic downloaded static route

Gateway of last resort is not set

     192.168.2.0/24 is variably subnetted, 2 subnets, 2 masks
C       192.168.2.0/24 is directly connected, Serial0/0/0
L       192.168.2.1/32 is directly connected, Serial0/0/0
R    192.168.3.0/24 [120/1] via 192.168.2.2, 00:00:13, Serial0/0/0
     192.168.10.0/24 is variably subnetted, 2 subnets, 2 masks
C       192.168.10.0/24 is directly connected, GigabitEthernet0/0
L       192.168.10.254/32 is directly connected, GigabitEthernet0/0
R    192.168.20.0/24 [120/1] via 192.168.2.2, 00:00:13, Serial0/0/0
R    192.168.30.0/24 [120/2] via 192.168.2.2, 00:00:13, Serial0/0/0
R1#
```

图 4-5-2　R1 路由表

表 4-5-2　验证结果

动作	结果
老校区 ping 新校区	□通　□不通
老校区 ping 外网	□通　□不通
新校区 ping 外网	□通　□不通

知识储备

1. 动态路由的分类

动态路由是指路由器能够根据路由器之间交换的特定路由信息自动地建立自己的路由表，并且能够根据链路和节点的变化适时地进行自动调整。动态路由可以根据不同的标准进行分类。

（1）根据协议算法分类

距离矢量路由协议：基于距离矢量算法，通过计算到达目标网络的跳数来选择最佳路径。常见的距离矢量路由协议包括 RIP 和 BGP。其中，BGP 也被称为路径矢量协议，因为它不仅考虑跳数，还考虑其他因素（如路径属性）。

链路状态路由协议：基于链路状态信息，通过收集网络中的链路状态信息（如链路的带宽、延迟等）来构建路由表。常见的链路状态路由协议包括 OSPF 和 IS-IS。

（2）根据自治系统划分

内部网关协议（IGP）：在一个自治系统内部运行的路由协议。常见的 IGP 包括 RIP、OSPF、IS-IS 和 EIGRP（增强型内部网关路由协议）。

外部网关协议（EGP）：运行在不同自治系统之间的路由协议。目前最常用的 EGP 是 BGP。

2. RIP 的特点及版本

RIP 是一种基于距离矢量算法的内部网关协议。它使用跳数作为计量标准来度量路由开销，并选择跳数最少的路径作为最佳路径。RIP 具有以下特点：

1）简单性：RIP 实现简单，对带宽、配置和管理等要求较低。

2）适用性：主要适用于规模较小的网络，因为 RIP 的最大跳数限制为 15 跳，超过这个限制的网络将被认为是不可达的。

RIP 有两个主要版本：

（1）RIPv1

有类别路由协议：报文中不携带掩码信息，只能识别自然网段的路由。

广播发送：采用广播方式发送协议报文。

不支持认证：没有提供认证机制。

（2）RIPv2

无类别路由协议：报文中携带掩码信息，能够识别无类路由和超网路由。

组播发送：采用组播方式发送协议报文，减少了网络带宽的占用。

支持认证：提供了明文和 MD5 密文认证两种认证类型，增强了网络的安全性。

3. RIPv2 的配置方法

```
Router(config)#router rip      //创建 RIP 路由进程
Router(config-router)#version 2      //指定使用 RIP v2
Router(config-router)#network 网段   //定义关联网段
Router(config-router)#
```

任务 6
配置动态路由 OSPF 协议

任务描述

随着校园网及分校区规模的不断扩大,现有的网络结构中的路由器数量逐渐增多,管理员发现原有的 RIP 已经不适用,决定在路由器之间使用 OSPF 动态路由协议,实现校园网络的互联互通。

任务分析

由于 RIP 以跳数作为衡量路径的开销,并且规定最大跳数为 15,因此 RIP 在实际应用中受设备规模的限制,当网络规模变大时就不再适用。动态路由 OSPF(Open Shortest Path First)协议是目前网络中应用十分广泛的协议之一,能够适用各种规模的网络环境。本任务将校园网结构抽象为分校区网络之间的通信,来实现动态路由的配置。

任务目标

- 了解 OSPF 路由的作用。
- 理解 OSPF 路由的工作原理。
- 掌握 OSPF 路由的配置方法。

任务布置

活动 1 部署规划设备网段及接口地址。
活动 2 配置 OSPF 路由实现全网通。

任务实施

活动 1 部署规划设备网段及接口地址。

校园网 OSPF 路由配置拓扑图如图 4-6-1 所示。校园网设备网段规划见表 4-6-1。

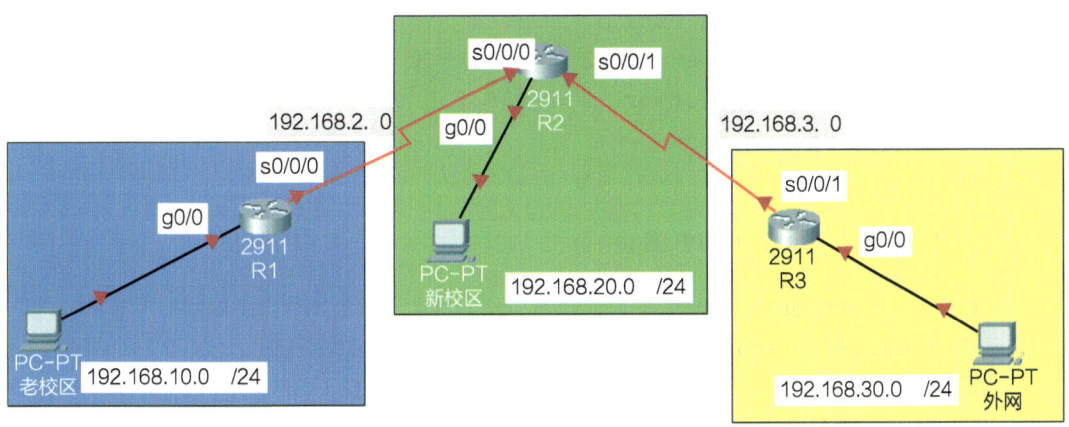

图 4-6-1　校园网 OSPF 路由配置拓扑图

表 4-6-1　校园网设备网段规划

路由器名称	端口号	所在网段	端口 IP
R1	G0/0	192.168.10.0 /24	192.168.10.254
R1	S0/0/0	192.168.2.0 /24	192.168.2.1
R2	S0/0/0	192.168.2.0 /24	192.168.2.2
R2	S0/0/1	192.168.3.0 /24	192.168.3.1
R2	G0/0	192.168.20.0 /24	192.168.20.254
R3	S0/0/1	192.168.3.0 /24	192.168.3.2
R3	G0/0	192.168.30.0 /24	192.168.30.254

活动 2　配置 OSPF 路由实现全网通。

步骤 1　配置 R1 主机名称及接口 IP。

```
Router>enable
Router#conft
Router(config)#hostname R1
R1(config)#int g0/0
R1(config-if)#ip add 192.168.10.254 255.255.255.0
R1(config-if)#no shutdown
R1(config-if)#int s0/0/0
R1(config-if)#ip add 192.168.2.1 255.255.255.0
R1(config-if)#no shut
R1(config-if)#
```

微课 17：OSPF 路由

步骤 2　用相同方法配置 R2、R3 的主机名称及接口 IP。

步骤 3　在 R1 上配置 OSPF 路由。

```
R1(config-if)#route ospf 1
R1(config-router)#network 192.168.10.0 0.0.0.255 area 0
R1(config-router)#network 192.168.2.0 0.0.0.255 area 0
R1(config-router)#end
R1#
```

步骤 4 在 R2 上配置 OSPF 路由。

```
R2(config)#route ospf 1
R2(config-router)#network 192.168.2.0 0.0.0.255 area 0
R2(config-router)#network 192.168.20.0 0.0.0.255 area 0
R2(config-router)#network 192.168.3.0 0.0.0.255 area 0
R2(config-router)#end
R2#
```

步骤 5 在 R3 上配置 OSPF 路由。

```
R3(config)#route ospf 1
R3(config-router)#network 192.168.3.0 0.0.0.255 area 0
R3(config-router)#network 192.168.30.0 0.0.0.255 area 0
R3(config-router)#end
R3#
```

步骤 6 查看路由表，验证结果，如图 4-6-2 所示。将验证结果填入表 4-6-2。

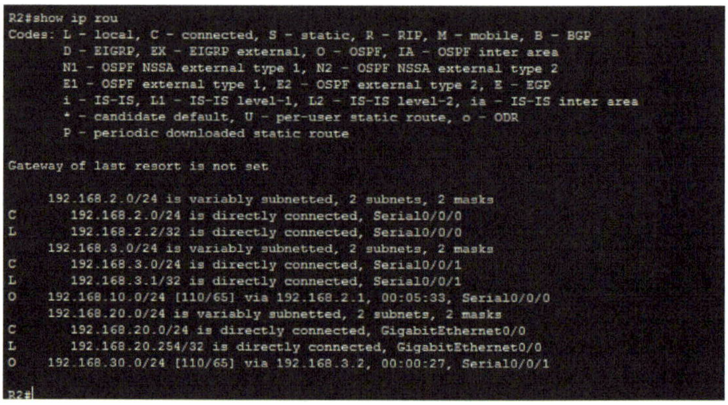

图 4-6-2 R2 路由表

表 4-6-2 验证结果

动作	结果
老校区 ping 新校区	□通 □不通
老校区 ping 外网	□通 □不通
新校区 ping 外网	□通 □不通

知识储备

1. OSPF 协议简介

OSPF（Open Shortest Path First，开放最短路径优先）协议是由国际互联网工程任务组（Internet Engineering Task Force，IETF）提出的，它使用链路状态路由算法的内部网关协议（IGP），在单一自治系统（AS）内部工作。OSPF 协议具有路由变化收敛速度快、无路由环路、支持变长子网掩码（VLSM）和汇总、层次区域划分等优点。

（1）工作原理

OSPF 协议工作过程包括以下几个步骤：

1）发现邻居并建立邻接关系：每个路由器通过发送 Hello 报文来发现其邻居路由器，并建立邻接关系。Hello 报文是周期性地发送的，用于确认与相邻路由器的连接状态。

2）交换链路状态信息：建立邻接关系后，路由器之间会相互发送链路状态通告（LSA）来告知邻居自己的链路连接状态。这些 LSA 被收集并存储在链路状态数据库（LSDB）中。

3）计算路由表：当 LSDB 稳定后，每个路由器都会使用 Dijkstra 算法（也称为 SPF 算法）来计算其到每个目的地的最短路径。这些路径被存储在路由表中，用于指导数据包的转发。

（2）报文类型

OSPF 协议使用 5 种不同类型的报文来建立邻接关系和交换路由信息：

1）Hello 报文：用于发现和维护 OSPF 邻居关系。

2）数据库描述（Database Description，DBD）报文：描述本地 LSDB 的摘要信息，用于两台设备进行数据库同步。

3）链路状态请求（Link State Request，LSR）报文：用于向对方请求所需要的 LSA。

4）链路状态更新（Link State Update，LSU）报文：用于向对方发送其所需要的 LSA。

5）链路状态确认（Link State Acknowledgment，LSAck）报文：用来对收到的 LSA 进行确认。

（3）特点与优势

适应范围广：支持各种规模的网络，最多可支持几百台路由器。

快速收敛：在网络的拓扑结构发生变化后立即发送更新报文，使这一变化在自治系统中同步。

无自环：由于 OSPF 根据收集到的链路状态用最短路径树算法计算路由，从算法本身保证了不会生成自环路由。

支持验证：支持基于区域和接口的报文验证，以保证报文交互和路由计算的安全性。

组播发送：在某些类型的链路上以组播地址发送协议报文，减少对其他设备的干扰。

2. OSPF 协议配置

配置 OSPF 协议格式如下：

```
Router(config)#router ospf process-id   //创建进程号为 process-id 的 OSPF 路由进程
Router(config-router)#network 目的网络地址 比特通配符（反掩码） area 区域号   //定义接口所属区域
```

例如：

```
R3(config)#route ospf 1   //创建进程号为 1 的 OSPF 路由进程
R3(config-router)#network 192.168.3.0 0.0.0.255 area 0
// 目的网络地址为 192.168.3.0，反掩码为 0.0.0.255，区域号为 0
```

项目小结

本项目深入探索了中型网络校园网从设计规划到部署实现的核心内容，通过学习，详细了解了校园网络的组网需求及分层设计原则、网络拓扑绘制，路由器的功能及一般配置方法。此外，还学习了路由器的单臂路由、静态路由以及动态路由的配置方法。

实战强化

一、单项选择题

1. 关于单臂路由的描述不正确的是（   ）。

   A. 单臂路由复用一个路由器端口可以实现多个 VLAN 间路由，对于路由端口的使用效率更高

B. 与在三层交换机上实现 VLAN 间通信相比，限制了 VLAN 网络的灵活部署

C. 在配置单臂路由时，可以在各子端口上封装 802.1Q 协议，也可以不封装

D. 多个 VLAN 的流量都要通过一个物理端口进行转发，容易在此端口形成网络瓶颈

2. 校园网设计一般分为三层设计模型，以下不属于该三层设计模型的是（   ）。

A. 接入层　　　　　　　　B. 汇聚层

C. 核心　　　　　　　　　D. 网络层

3. 关于静态路由的描述，正确的是（   ）。

A. 手动输入路由表中不会被路由协议更新

B. 一旦网络发生变化就被重新计算更新

C. 路由器出厂时就已经配置好的

D. 通过其他路由协议学习到的

4. RIP 的最大跳数是（   ）。

A. 12　　　　　　　　　　B. 15

C. 18　　　　　　　　　　D. 24

5. 关于 OSPF 协议的优点，描述正确的是（   ）。

A. 支持 VLSM　　　　　　B. 无路由环路

C. 支持路由验证　　　　　D. 对负载分担的支持性能较好

二、简答题

1. 简述网络的分层设计原则。

2. 简要说明静态路由的特点及应用。

3. 比较 RIP 和 OSPF 协议，它们有什么异同点？

收获与反思

1. 我的收获：

_____

_____

2. 我需要改进的地方：

_____

_____

拓展学习

云计算

云计算是通过互联网提供计算资源、软件应用、数据存储和管理服务的技术，旨在实现高效的资源共享、弹性扩展和灵活的服务交付。云计算结合了虚拟化技术、分布式数据存储、大数据处理、自动化管理、软件定义的网络（SDN）、云安全技术和容器技术等，以支持大规模、动态和高可用性的云服务。云计算的主要特点有按需自助服务、广泛的网络访问、资源池化、快速弹性、测量服务。

公有云、私有云、社区云、混合云和边缘云是云计算的典型部署模型，云计算的服务模型包括以下几个方面：

基础设施即服务（IaaS）：提供虚拟化的计算资源服务，用户可以通过 Internet 访问这些资源，如虚拟机、存储空间、网络硬件和其他资源。

平台即服务（PaaS）：提供应用程序开发平台，包括数据库管理、应用程序监控和开发工具等，允许用户开发、运行和管理应用程序，而无需关心底层的硬件或操作系统。

软件即服务（SaaS）：通过 Internet 提供应用程序作为服务，用户可直接使用，而无需安装和维护任何软件。

功能即服务（FaaS）：允许用户开发和运行代码片段，而无需管理运行时的环境或服务器。

容器即服务（CaaS）：提供容器管理服务，允许用户部署和管理容器化应用程序。

通信即服务（CPaaS）：提供通信功能的应用程序编程接口，允许开发者将通信服务（如语音、短信、视频会议）集成到应用程序中。

项目 5
安装与配置网络服务

项目概述

本项目将通过 5 个任务的学习和实践，认识 Windows Server 2016 操作系统的基础知识，并使用 VMware Workstation 软件创建 Windows Server 2016 系统的虚拟机，在虚拟机上安装和配置 DHCP、DNS、Web、FTP 服务器等常用网络服务，以便满足日常学习办公的需要。

学习目标

知识目标：

了解 Windows Server 2016 操作系统的基础知识

了解 DNS 服务的相关概念和功能

了解 DHCP 服务的相关概念和功能

了解 Web 服务的相关概念和功能

了解 FTP 服务的相关概念和功能

能力目标：

能掌握 Windows Server 2016 操作系统的安装

能掌握操作系统的基础设置

能安装和配置 DNS 服务器

能安装和配置 Web 服务器

能安装和配置 DHCP 服务器

能安装和配置 FTP 服务器

能掌握客户端的配置和测试方法

素质目标：

培养识别和解决问题的能力

培养细心的习惯，确保每一个步骤操作正确

知识导图

项目 5 安装与配置网络服务
- 任务1 安装网络操作系统
  - 1. Windows Server 2016网络操作系统
  - 2. Windows Server 2016的版本
  - 3. Windows Server 2016的最低安装需求
- 任务2 配置DNS服务器
  - 1. DNS概述
  - 2. DNS域名空间
  - 3. 域名解析
  - 4. 域名服务器类型
- 任务3 配置DHCP服务器
  - 1. DHCP简介
  - 2. DHCP的工作过程
- 任务4 配置Web服务器
  - 1. Web服务器概述
  - 2. Web服务器工作原理
  - 3. 超文本传输协议
  - 4. Web站点的重要参数
  - 5. IIS10.0简介
- 任务5 配置FTP服务器
  - 1. FTP概述
  - 2. FTP的工作原理

任务 1
安装网络操作系统

任务描述 网络操作系统是连接个人与世界的重要桥梁。为了方便管理校园网络，现需要部署一套 Windows Server 2016 网络操作系统，完成 Windows Server 2016 网络操作系统的安装，并进行基础配置。

任务分析 首先需要在 VMware Workstation 软件创建 Windows Server 2016 虚拟机，设置虚拟机的名称、操作系统类型、分配内存与处理器资源、创建或指定虚拟硬盘，并根据需求配置网络、选择镜像安装等连接类型、磁盘等。完成创建之后，安装 Windows Server 2016 操作系统，并完成更改计算机名、磁盘分区、关闭防火墙、设置 IP 地址等基础操作，即可完成基础的网络配置。

任务目标
- 掌握 Windows Server 2016 操作系统的安装。
- 掌握操作系统的基础设置。

任务布置
活动 1 新建 Windows Server 2016 虚拟机。
活动 2 安装 Windows Server 2016 操作系统。
活动 3 配置 Windows Server 2016 操作系统。

任务实施
活动 1 新建 Windows Server 2016 虚拟机。
步骤 1 双击打开 VMware Workstation 软件，在 VM 的主页，单击

"创建新的虚拟机",进入新建虚拟机向导。

步骤2 选择"自定义(高级)",单击"下一步"按钮,选择"稍后安装操作系统"。

步骤3 选择"Microsoft Windows",选择"Windows Server 2016",单击"下一步"按钮。

步骤4 更改虚拟机名称为自己的姓名拼音(以张三为例),位置保存路径可以保持默认,单击"下一步"按钮。

步骤5 此虚拟机内存设置为3072MB(默认),单击"下一步"按钮。

步骤6 选择网络连接为"使用桥接网络",单击"下一步"按钮。

步骤7 I/O控制器类型选择"LSI Logic(L)(推荐)",单击"下一步"按钮。

步骤8 选择磁盘类型。选择虚拟磁盘类型为"SCSI(S)(推荐)",单击"创建新的虚拟磁盘",单击"下一步"按钮。

步骤9 指定磁盘容量为40GB,单击"下一步"按钮。

步骤10 单击"编辑虚拟机设置",单击"硬件"选项卡,选择"新 CD/DVD(SATA)"→"使用ISO映像文件"→"浏览"→Windows Server 2016镜像安装文件→"安装完成",即出现在虚拟机列表中,如图5-1-1所示。

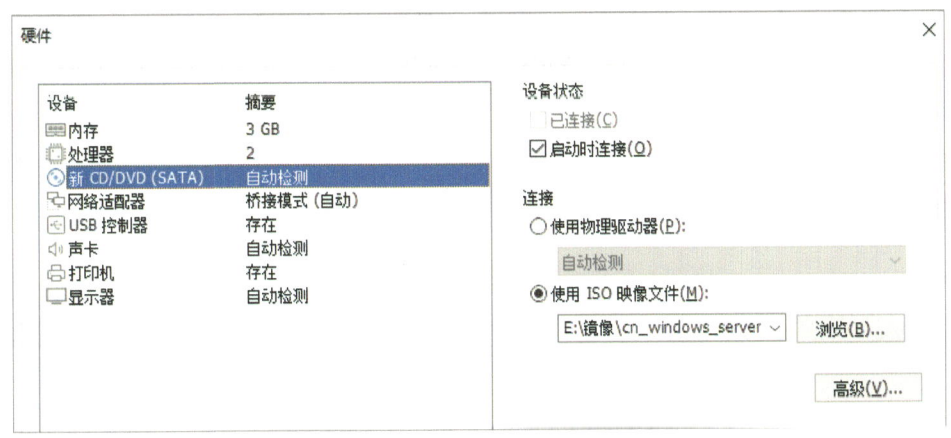

图 5-1-1 选择镜像文件

活动2 安装 Windows Server 2016 操作系统。

(1)操作系统安装

步骤1 进入此虚拟机,选择"Windows 安装程序",按默认选项安装,如图5-1-2所示。

步骤2 单击"现在安装"→"激活 Windows"→"我没有产品密钥"→选择要安装的操作系统"Windows Server 2016 Datacenter(桌面体验)",如图5-1-3所示。

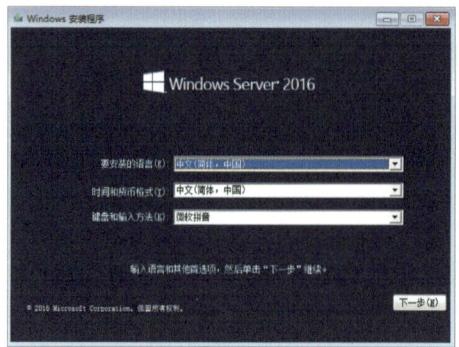

图 5-1-2　Windows 安装程序

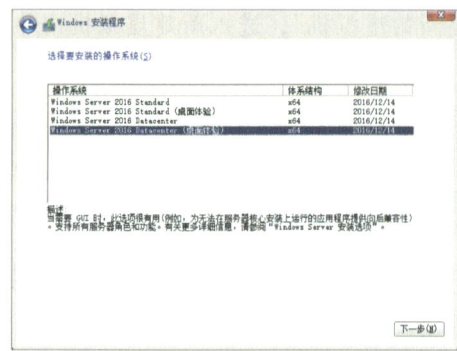

图 5-1-3　选择要安装的操作系统

步骤 3　勾选"我接受许可条款，你想要执行哪种类型的安装？"→"自定义：仅安装 Windows（高级）"→"新建"，大小设置为 40960MB，单击"应用"，最后单击"确定"按钮，如图 5-1-4 所示。

步骤 4　等待安装进程，安装完成后自动重启系统。设置用户名为 administrator，密码为 123456@abc，完成安装。

步骤 5　进入登录界面，输入密码 @123456abc，进入操作系统桌面。

（2）虚拟机工具安装

在 VM 菜单中选择"虚拟机"，安装 VMware Tools。打开"文件资源管理器"→"此电脑"→DVD 驱动器：VMware Tools。在弹出的"VMware Tools"安装程序对话框中单击"下一步"→"典型安装"→"下一步"→"安装"，如图 5-1-5 所示。此时安装完成虚拟机工具，可以实现在虚拟机和物理机间自由切换，还可以共享剪贴板，使虚拟机的性能也得到更好的发挥。

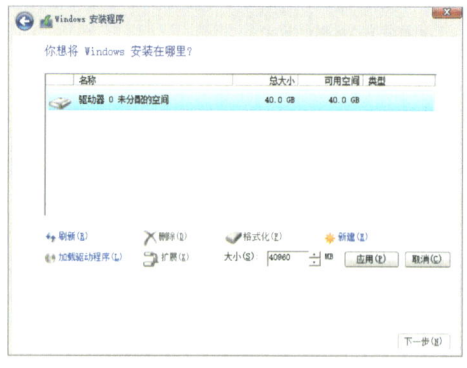

图 5-1-4　自定义安装设置

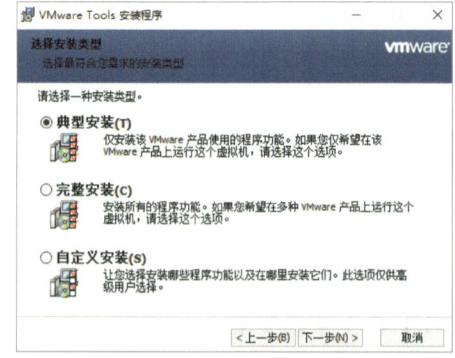

图 5-1-5　VMware Tools 典型安装

活动 3　配置 Windows Server 2016 操作系统。

实训环境及参数见表 5-1-1。

表 5-1-1　实训环境及参数

系统	IP 地址	角色和网络模式
Windows Server 2016	192.168.100.1/24	服务器、桥接
Windows 10	192.168.100.10/24	客户端、桥接

步骤 1　更改计算机名。

1）单击"开始"→"服务器管理器"→"本地服务器"→"计算机名",弹出"系统属性面板"对话框。

2）单击"更改"按钮,设置计算机名为"win2016-1",单击"确定"按钮,如图 5-1-6 所示。

3）在弹出的对话框中,单击"确定"按钮,随后重启计算机。

步骤 2　启用 / 关闭 Windows 防火墙。

打开"服务器管理器"窗口,单击"本地服务器"→"Windows 防火墙的状态"→"启用或关闭 Windows 防火墙",选择"启用 Windows 防火墙"或"关闭 Windows 防火墙",如图 5-1-7 所示,单击"确定"按钮。

图 5-1-6　更改计算机名

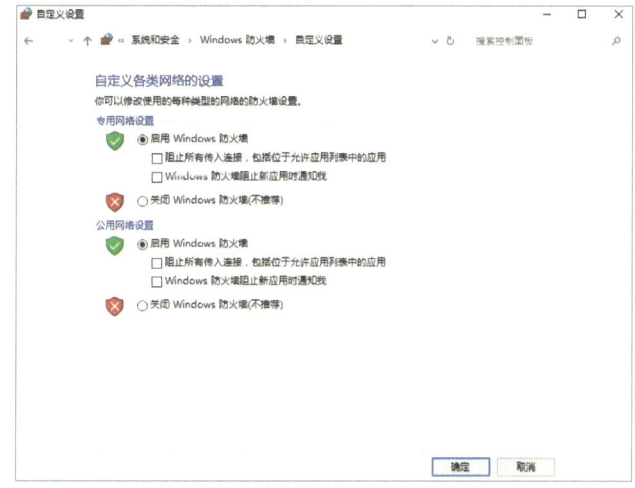

图 5-1-7　启用 / 关闭 Windows 防火墙

步骤 3　网络 TCP/IP 的基本配置。

1）打开"网络和共享中心"→"Ethernet0",设置属性。

2）选择"Internet 协议版本 4（TCP/IPV4）",设置属性。

3）使用 IP 地址:192.168.100.1,子网掩码:255.255.255.0,默认网关:192.168.100.254,首选 DNS 服务器:192.168.100.1,备用 DNS 服务器:192.168.100.2,如图 5-1-8 所示,单击"确定"按钮完成配置。

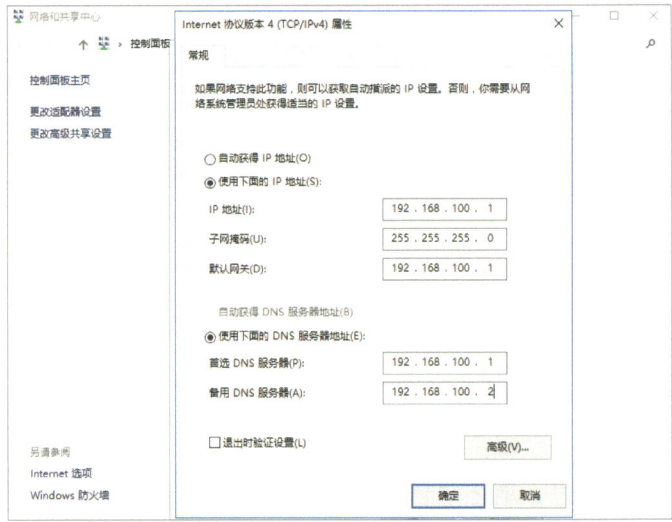

图 5-1-8　IPv4 的配置

知识储备

1. Windows Server 2016 网络操作系统

Windows Server 2016 是微软于 2016 年 10 月 13 日正式发布的服务器操作系统，是面向现代数据中心需求设计的系统，它构建在 Windows Server 2012 R2 的基础之上，引入了多项新功能和技术改进，如云计算、虚拟化和容器技术等，提高了系统安全性、灵活性等性能。

2. Windows Server 2016 的版本

Windows Server 2016 有 4 个版本，即 Windows Server 2016 Essentials edition（精华版）、Windows Server 2016 Standard edition（标准版）、Windows Server 2016 Datacenter edition（数据中心版）和 Microsoft Hyper-V Server 2016 版。

3. Windows Server 2016 的最低安装需求

中央处理器（Central Processing Unit,CPU）：最少 1.4GHz 的 64 位处理器；支持 NX 或 DEP；支持 CMPXCHG16B、LAHF/SAHF 与 PrefetchW；支持 SLAT（EPT 或 NPT）。

RAM：由于桌面体验功能需要额外的内存资源来支持图形界面、窗口管理、多媒体服务等功能的运行，因此最少需要 2GB 内存。

硬盘：最少 32GB 硬盘空间，不支持已经淘汰的 IDE 硬盘（PATA 硬盘）。

任务 2
配置 DNS 服务器

假设你是学校校园网络管理员，现需要配置和管理一个内部域名系统（DNS）服务器，以便在校园内部网络中管理和解析域名，用来提供域名转换成 IP 地址的功能。当内部网络中添加或修改新的服务器或设备时，需要添加或修改相应的 DNS 记录，以便其他设备可以正确地解析和使用该设备或服务的域名。实训参数和环境见表 5-2-1。

任务描述

表 5-2-1 实训参数和环境表

虚拟机	角色	IP 地址	网络连接模式	防火墙
Windows Server 2016	Windows 服务器	192.168.100.100/24	桥接模式	关闭
Windows 10	Windows 客户端	192.168.100.10/24	桥接模式	关闭

首先需要在服务器管理器中安装好 DNS 服务器，启动 DNS 服务器，创建正向查找区域和反向查找区域，创建主机和 PTR 指针，新建资源记录，即可完成 DNS 服务器的设置。客户端在网络属性中设定相应的 DNS 服务地址，就能在访问资源时利用 DNS 进行域名解析。

任务分析

- 能够安装 DNS 服务器。
- 能够掌握 DNS 服务器的启停方法。
- 能够掌握 DNS 区域的配置。
- 能够掌握客户端的配置和测试方法。

任务目标

任务布置

活动 1　安装 DNS 服务器。
活动 2　启停 DNS 服务器。
活动 3　配置 DNS 正反向区域。
活动 4　客户端测试。

任务实施

活动 1　安装 DNS 服务器。

步骤 1　单击"开始"菜单→选择"服务器管理器"→单击"添加角色和功能"→单击"下一步"按钮。

步骤 2　选择"基于角色或基于功能的安装"→单击"下一步"按钮。

步骤 3　选择"从服务器池中选择服务器"→单击"下一步"按钮。

步骤 4　选择"DNS 服务器"→单击"添加功能"→勾选"DNS 服务器"→单击"下一步"按钮。

微课 18：安装与配置 DNS 服务器

图 5-2-1　DNS 安装

步骤 5　单击"下一步"按钮直至开始"安装"，完成后单击"关闭"按钮，即可完成 DNS 的安装，如图 5-2-1 所示。

活动 2　启停 DNS 服务器。

方法 1　使用 net 命令停止服务。

打开"命令提示符"窗口，输入命令"net stop DNS"，停止 DNS 服务；"net start DNS"，启动 DNS 服务。

方法 2　使用"服务"控制台停止服务。

在"开始"菜单中，选择"Windows 管理工具"，单击"服务""DNS Server"，右击选择"停止"或"启动"。

方法 3　使用"服务器管理器"开启服务。

在"服务器管理器"菜单中，选择工具中的"DNS"，在弹出的"DNS 管理器"窗口中，选择计算机名，右击选择"所有任务"，即可进行启动或停止。

活动 3　配置 DNS 正反向区域。

步骤 1　创建正向查找区域。

1）在 DNS 管理器选择"正向查找区域"，右击选择"新建区域"，单击"下一步"按钮。

2）区域类型选择"主要区域"，单击"下一步"按钮。

3）区域名称为 test.com，然后单击"下一步"按钮。

4）区域文件保持默认，然后单击"下一步"按钮。

5）选择"不允许动态更新"，单击"下一步"按钮后完成配置，如图 5-2-2 所示。

步骤 2　创建反向查找区域。

1）在 DNS 管理器中选择"反向查找区域"，右击选择"新建区域"，单击"下一步"按钮。

2）区域类型选择"主要区域"，单击"下一步"按钮。

3）反向查找区域名称，选择 IPv4 反向查找区域，单击"下一步"按钮。

4）网络 ID 为 192.168.100，单击"下一步"按钮。

5）区域文件保持默认，然后单击"下一步"按钮。

6）选择"不允许动态更新"，单击"下一步"按钮后完成配置，如图 5-2-3 所示。

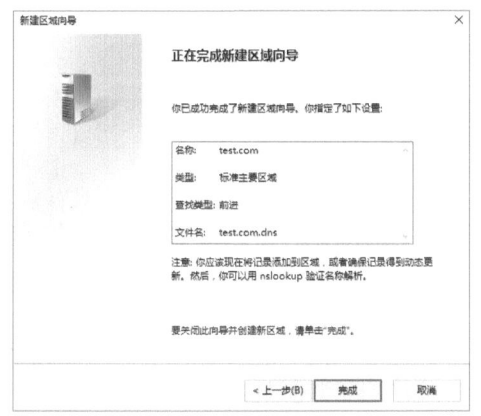

图 5-2-2　创建正向查找区域

图 5-2-3　创建反向查找区域

步骤 3　新建主机。

1）在 DNS 管理器展开"正向查找区域"，选择"test.com"，右击选择"新建主机"。

2）在新建主机对话框输入名称 www、IP 地址 192.168.100.100，勾选"创建指针（PTR）记录"，单击"添加主机"，弹出"成功创建了主机记录"，再单击"确定"按钮，如图 5-2-4 所示。

步骤 4　新建指针。

前面创建主机的时候，勾选了创建相关指针，所以展开反向查找区域选择

100.168.192.in.addr.arpa,即可看到指针记录,如图 5-2-5 所示。

图 5-2-4　新建主机

图 5-2-5　新建指针

步骤 5　新建资源记录。

1）在 DNS 管理器展开正向查找区域,选择"test.com",然后右击选择"新建主机",在新建主机对话框输入名称 mail、IP 地址 192.168.100.100,勾选"创建相关的指针（PTR）记录",然后单击"添加主机",弹出"成功创建了主机记录",单击"确定"按钮。

2）继续选择"test.com",右击选择"新建邮件交换器",在主机或子域输入"mail",单击"浏览"按钮,选择"mail.test.com",邮件服务器优先级为 10,然后单击"确定"按钮,如图 5-2-6 所示。

活动 4　客户端测试。

步骤 1　在 Windows 10 虚拟机设置网络参数为"192.168.100.10/24",首先 DNS 服务器为"192.168.100.100"。

步骤 2　打开"命令提示符",输入"ping 192.168.100.100"。

步骤 3　继续输入命令"nslookup www.test.com"。

步骤 4　继续输入命令"nslookup mail.test.com",运行结果如图 5-2-7 所示。

图 5-2-6　新建资源记录

图 5-2-7　客户端解析成功

知识储备

1. DNS 概述

DNS（Domain Name System，域名系统）是 Internet/Intranet 中最基础也是非常重要的一项服务，它提供了网络访问中域名和 IP 地址的相互转换，也就是域名解析服务。在 TCP/IP 网络中，IP 地址是定位主机的唯一标识，用户必须知道对方主机的 IP 地址才能通信，但识记 IP 地址对用户来说较为困难，域名服务系统允许用户使用有实际意义的名字而不是难以记忆的数字（即 IP 地址）来访问 Internet 上的主机，方便用户操作。

2. DNS 域名空间

整个 DNS 域名空间呈树状结构分布，被称为"域树"。每台计算机的域名由一系列用点分开的字母数字段组成。所有联网主机的域名空间被划分为许多不同的域，域树的根域下是最高一级域（顶级域）。每一个顶级域又被分成一系列二级域、三级域和更低级域，如图 5-2-8 所示。

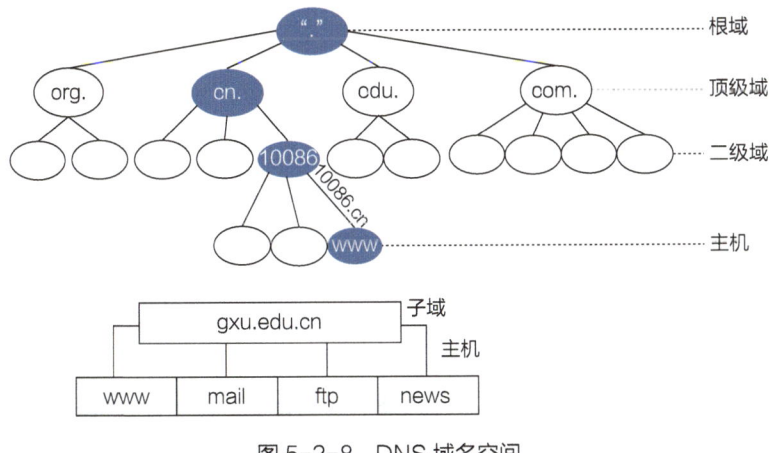

图 5-2-8　DNS 域名空间

其中，顶级域名分为国家顶级域名、通用顶级域名、反向域名，见表 5-2-2。

表 5-2-2　顶级域名

国家顶级域名	中国 cn，美国 us，英国 uk
通用顶级域名	com 公司企业，edu 教育机构，gov 政府部门，int 国际组织，mil 军事部门，net 网络，org 非营利组织
反向域名	arpa，用于 PTR 查询（IP 地址转换为域名）

3. 域名解析

（1）域名解析过程

DNS 服务采用的是客户机/服务器（Client/Server，C/S）工作模式。DNS 服务器将域名映射为 IP 地址或将 IP 地址映射为域名，都称为域名解析，解析过程如图 5-2-9 所示。

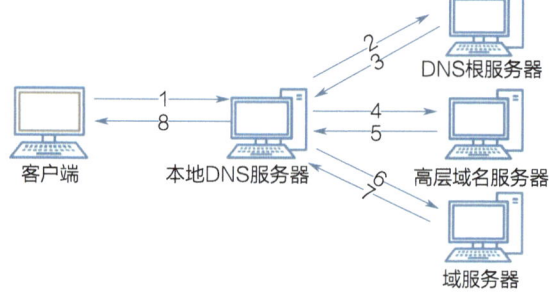

图 5-2-9　域名解析过程

动画 06：DNS 服务器的工作原理

1）客户端向本地 DNS 服务器 192.168.100.100 直接查询 www.test.com 的域名。

2）本地 DNS 无法解析此域名，它先向根域服务器发出请求，查询 .com 的 DNS 地址。

3）根域 DNS 管理 .com、.net、.org 等顶级域名的地址解析，它收到请求后，把解析结果返回给本地的 DNS。

4）本地 DNS 服务器 192.168.100.100 得到查询结果后，接着向管理 .com 域的 DNS 服务器发出进一步的查询请求，要求得到 test.com 的 DNS 地址。

5）.com 域把解析结果返回给本地 DNS 服务器 192.168.100.100。

6）本地 DNS 服务器 192.168.100.100 得到查询结果后，接着向管理 163.com 域的 DNS 服务器发出查询具体主机 IP 地址的请求（www），要求得到满足要求的主机 IP 地址。

7）test.com 把解析结果返回给本地 DNS 服务器 192.168.100.100。

8）本地 DNS 服务器得到了最终的查询结果，它把这个结果返回给客户端，从而使客户端能够和远程主机通信。

（2）正向解析和反向解析

在 Internet 上域名和 IP 是对应的，DNS 解析有两种：一种是正向解析，另外一种是反向解析。DNS 正向解析是将域名转换成对应的 IP 地址的过程，它应用于在浏览器地址栏中输入网站域名时的情形。DNS 反向解析是根据 IP 地址查找对应的注册域名的过程，反向解析的作用是进行服务器的身份验证。

（3）资源记录

为了将域名解析为 IP 地址，DNS 服务器要查询它们的区（又称 DNS 数据库文件或简单数据库文件），区中包含组成相关 DNS 域资源信息的资源记录（Resource Record，RR）。资源记录类型见表 5-2-3。

表 5-2-3　资源记录类型

资源记录类型	说明
SOA（Start Of Authority）	起始授权机构记录，每个区在区的开始处都包含了一个 SOA。SOA 定义了域的全局参数，进行整个域的管理设置。一个区文件只允许存在唯一的 SOA 记录
NS（Name Server）	域名服务器记录，用来指定该域名由哪个 DNS 服务器来进行解析
A（Address）	用来指定主机名（或域名）对应的 IP 地址记录
PTR（Pointer Record）	指针记录，PTR 是 A 记录的逆向记录，作用是把 IP 地址解析为域名
CNAME（Canonical Name）	别名记录。用户可以使用 CNAME 资源记录来隐藏用户网络的实现细节，使连接的客户端无法被知道
MX（Mail Exchanger）	邮件交换记录，它指向一个邮件服务器，用于电子邮件系统发邮件时根据收信人的地址后缀来定位邮件服务器

4. 域名服务器类型

（1）主 DNS 服务器（Master 或 Primary）

主 DNS 服务器维护所管辖域的域名服务信息。它从域管理员构造的本地磁盘文件中加载域信息，该文件（区文件）包含着该服务器具有管理员的一部分域结构的最精确信息。配置主域服务器需要一整套的配置文件，包括主配置文件、正向区域文件、反向区域文件、高速缓存初始化文件和回送文件。

（2）辅助 DNS 服务器（Salve 或 Secondary）

辅助 DNS 服务器用于分担主 DNS 服务器的查询负载，不进行域名解析。

（3）唯高速缓存 DNS 服务器（Caching-Only DNS Server）

供本地网络上的客户机用来进行域名转换。它通过查询其他 DNS 服务器并将获得的信息存放在它的高速缓存中，为客户机查询信息提供服务。用于暂时存放解析过的域名。

任务 3
配置 DHCP 服务器

任务描述　　现在需要给校园机房的计算机配置 IP 地址，实现计算机之间的网络通信。因手动配置的方式工作繁重，还会导致地址冲突，为了更加便捷地完成这些工作，现需要通过 DHCP 动态主机配置协议来自动为客户端配置 IP 地址、默认网关等信息。实训参数及环境见表 5-3-1。

表 5-3-1　实训参数及环境

虚拟机	角色	IP 地址	网络连接模式	防火墙
Windows Server 2016	Windows 服务器	192.168.100.100/24	桥接模式	关闭
Windows 10	Windows 客户端	自动获取 IP 地址	桥接模式	关闭

任务分析　　为了能够实现 IP 地址的自动分配，先要完成 DHCP 服务器的安装，配置 DHCP 的作用域和选项。最后在客户端打开命令提示符窗口，输入命令 ipconfig/all，查看获取到的 IP 地址信息。

任务目标
- 能够安装和配置 DHCP 服务。
- 能够完成 DHCP 服务器的启停。
- 能够配置 DHCP 作用域和选项。

任务布置
活动 1　安装 DHCP 服务器。
活动 2　启停 DHCP 服务器。
活动 3　配置 DHCP 服务器的作用域和选项。

活动 4 客户端测试。

活动 1 安装 DHCP 服务器。

步骤 1 在"开始"菜单选择"服务器管理器",单击"添加角色和功能""下一步"按钮。

步骤 2 选择"基于角色或基于功能的安装",单击"下一步"按钮。

步骤 3 选择"从服务器池中选择服务器",单击"下一步"按钮。

步骤 4 勾选"DHCP 服务器",单击"下一步""添加功能"→"下一步"→"安装"→"关闭",即可完成安装,如图 5-3-1 所示。

任务实施

微课 19:安装与配置 DHCP 服务器

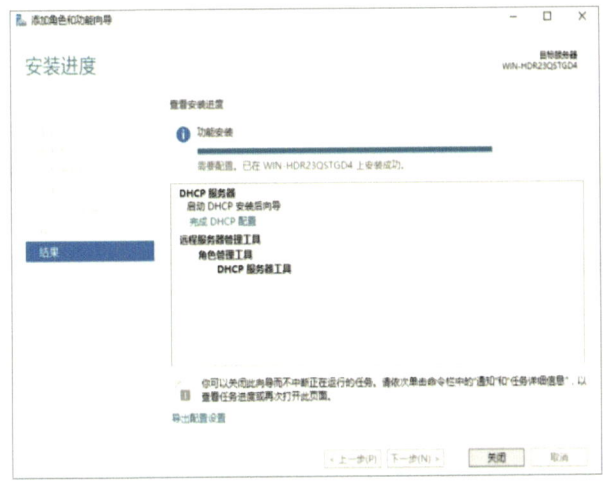

图 5-3-1 DHCP 服务器安装完成

活动 2 启停 DHCP 服务器。

方法 1 使用 net 命令停止服务。

打开命令提示符窗口,输入命令:net stop DHCP,停止 DHCP 服务;net start DHCP,启动 DHCP 服务。

方法 2 使用"服务"控制台停止服务。

在"开始"菜单中选择"Windows 管理工具",单击"服务"→"DHCP Server",右击选择停止或启动。

方法 3 使用"服务器管理器"开启服务。

在"服务器管理器"菜单中,选择工具中的"DHCP",在弹出的"DHCP 管理器"窗口中,选择计算机名,右击选择"所有任务",即可进行启动或停止。

活动3 配置DHCP服务器的作用域和选项。

步骤1 在"开始"菜单中选择"Windows管理工具"→"DHCP",打开"DHCP管理器"对话框。

步骤2 选择IPv4,右击选择"新建作用域",如图5-3-2所示,单击"下一步"按钮。

步骤3 在作用域名称文本框输入:xxb,如图5-3-3所示,单击"下一步"按钮。

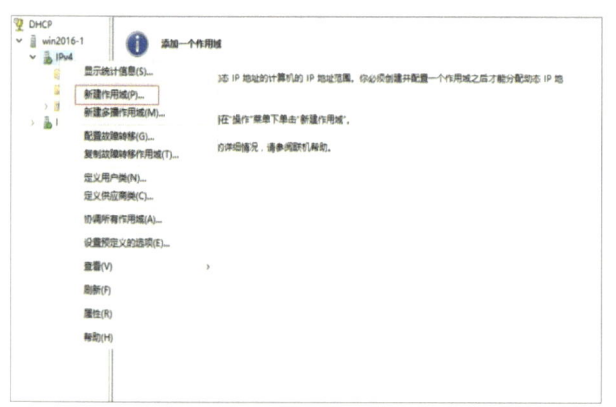

图5-3-2 新建作用域

图5-3-3 设置作用域名称

步骤4 在IP地址范围输入起始IP地址:192.168.100.1,结束地址:192.168.100.250,如图5-3-4所示,单击"下一步"按钮。

步骤5 添加排除和延迟,在起始IP地址输入192.168.100.100进行添加,继续输入起始IP地址192.168.100.10、结束IP地址192.168.100.20进行添加,然后单击"下一步"按钮。

步骤6 租用期限默认为8天,单击"下一步"按钮。

图5-3-4 设置IP地址范围

步骤7 配置DHCP选项,选择"是,我想现在配置这些选项",然后单击"下一步"按钮。

步骤8 配置路由器(默认网关)IP地址为192.168.100.254,然后单击"下一步"按钮。

步骤9 在"域名称和DNS服务器"单击"下一步"按钮。

步骤10 在"WINS服务器"单击"下一步"按钮激活作用域,然后选择"是,我想现在激活此作用域",单击"下一步"按钮完成配置。

活动 4 客户端测试。

步骤 1　在"网络和共享中心"选择"Ethernet0""属性"→"Internet 协议版本 4（TCP/IPv4）"→"属性"→"自动获得 IP 地址",如图 5-3-5 所示。

步骤 2　打开"命令提示符"窗口,输入命令"ipconfig/all",查看获取到的 IP 地址信息。

步骤 3　继续输入命令"ipconfig/release",释放 IP 地址。

步骤 4　继续输入命令"ipconfig/renew",重新获取 IP 地址,执行结果如图 5-3-6 所示。

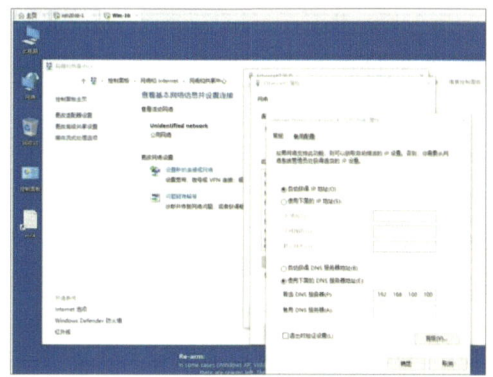

图 5-3-5　自动获取 IP 地址

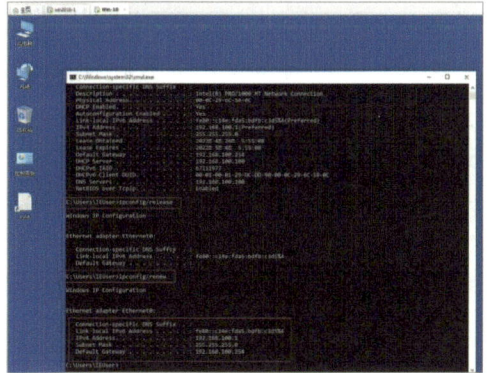

图 5-3-6　释放和获取 IP 地址

知识储备

1. DHCP 简介

动态主机配置协议（Dynamic Host Configuration Protocol,DHCP）是一种用于简化计算机 IP 地址配置和管理的网络协议,可以自动为计算机分配 IP 地址,能提高网络管理员的工作效率。DHCP 的主要作用是集中管理和分配 IP 地址、网关（Gateway）地址、DNS 服务器地址等配置信息,有效提升 IPV4 地址的使用率,缓解 IP 地址的缺乏。

2. DHCP 的工作过程

DHCP 采用客户机/服务器模式运行,采用 UDP 作为网络层传输协议。在 DHCP 服务器上安装和运行 DHCP 软件,DHCP 客户端从 DHCP 服务器获取 IP 地址及其相关参数。DHCP 动态分配 IP 地址的方式分为 3

动画 07：DHCP 服务器的工作原理

种，见表 5-3-2。

表 5-3-2 DHCP 动态分配 IP 地址的方式及说明

分配 IP 地址方式	说明
自动分配	永久租用。DHCP 客户端从 DHCP 服务器获取一个 IP 地址后，可以永久使用。DHCP 服务器不会再将这个 IP 地址分配给其他 DHCP 客户端
动态分配	限定租期。DHCP 客户端获得的 IP 地址只能在一定期限内使用，这个期限就是 DHCP 服务器提供的"租约"。一旦租约到期，DHCP 服务器可以收回这个地址并分配给其他 DHCP 客户端使用
手动分配	保留地址。DHCP 服务器根据网络管理员的设置将指定的 IP 地址分配给 DHCP 客户端，一般是将 DHCP 客户端的物理地址（MAC 地址）与 IP 地址绑定起来，确保 DHCP 客户端每次都可以获得相同的 IP 地址

DHCP 客户端和服务器申请 IP 地址、获得 IP 地址的过程一般分为 4 个阶段，如图 5-3-7 所示。

图 5-3-7 获取 IP 地址的过程

DHCP 客户端和 DHCP 服务器的交互过程见表 5-3-3。

表 5-3-3 DHCP 客户端和 DHCP 服务器的交互过程

DHCP 工作过程	报文
DHCP 客户端发送 IP 租用请求	广播方式发送一个 DHCP 发现报文（DHCP Discover）
DHCP 服务器提供 IP 地址	DHCP 服务器收到发现报文后，广播发送 DHCP 提供报文（DHCP Offer）给 DHCP 客户端
DHCP 客户端进行 IP 租约选择	客户端收到 DHCP OFFER 报文后，广播方式发送 DHCP 请求报文（DHCP Request）作为回应
DHCP 服务器进行 IP 租用确认	服务器收到 DHCP Request 信息包后，广播方式向客户端发送一个 DHCP 确认报文（DHCP Acknowledge）

任务 4
配置 Web 服务器

任务描述

假设你是学校校园网信息管理员,需要将学校的日常活动的信息发布到 Web 网站上。假设学校的服务器域名为 www.test.com,IP 地址为 192.168.100.100。现需要你搭建 Web 服务器并发布相关内容,能够通过 Windows 10 客户端进行访问。实训参数及环境见表 5-4-1。

表 5-4-1 实训参数及环境

虚拟机	角色	IP 地址	网络连接模式	防火墙
Windows Server 2016	Windows 服务器、Web 服务器	192.168.100.100/24	桥接模式	关闭
Windows 10	Windows 客户端	192.168.100.10/24	桥接模式	关闭

任务分析

为能够实现网页的发布,首先需要在 Windows Server 2016 服务器安装并配置好 Web 和 DNS 服务器,并进行域名解析。接着需要在服务器上先安装 IIS 组件,再进行 Web 站点的创建、配置和测试,最后才能发布 Web 网站。

任务目标

- 能安装 Web 服务器。
- 掌握 Web 服务器的配置方法。
- 掌握客户端的测试方法。

任务布置

活动 1　安装 DNS 和 Web 服务器。
活动 2　配置 Web 服务器。
活动 3　客户端测试。

任务实施

微课 20：安装与配置 DNS 和 Web 服务器

活动 1 安装 DNS 和 Web 服务器。

步骤 1 配置 Windows Server 2016 和 Windows 10 的网络参数：IP、子网掩码、网关、DNS 地址，如图 5-4-1 和图 5-4-2 所示。

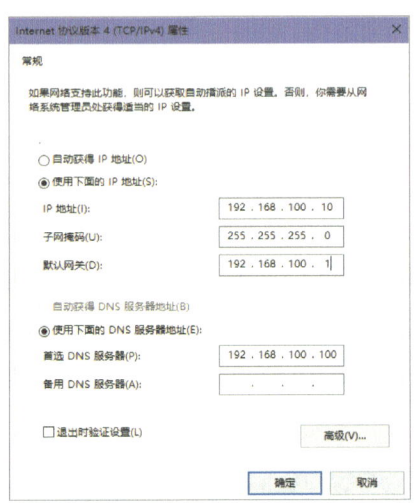

图 5-4-1 服务器网络参数　　　　图 5-4-2 客户端网络参数

步骤 2 安装 DNS 服务器和 Web 服务器。

图 5-4-3 安装 DNS 服务器和 Web 服务器

打开"服务器管理器"，单击"添加角色和服务"，确认是"基于角色或基于功能的安装"，单击"下一步"按钮，确认自己的 IP 地址，单击"下一步"按钮。添加 Web 服务器角色，单击"下一步"按钮。在"选择功能"窗口中，可以根据工作需要选择相应的功能。保持默认设置，单击"下一步"按钮，直至安装完成，如图 5-4-3 所示。

步骤 3 配置 DNS 服务器且让 Windows 10 解析

打开"服务器管理器"，在右上角的工具中打开 DNS。接着新建正向查找区域 test.com，全部保持默认设置并单击"下一步"按钮，再新建反向查找区域。在正向查找区域 test.com 下右击"新建主机"并勾选 PTR 记录，关闭 Windows Server 2016 的防火墙，打开 Windows 10 的命令提示符进行 nslookup 解析，如图 5-4-4 所示。

活动 2　配置 Web 服务器。

步骤 1　打开 Windows Server 2016 的文件资源管理器并在 C 盘创建一个名为"Web"的文件夹，如图 5-4-5 所示。

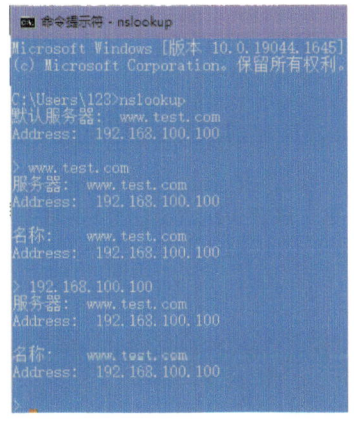
图 5-4-4　DNS 解析结果

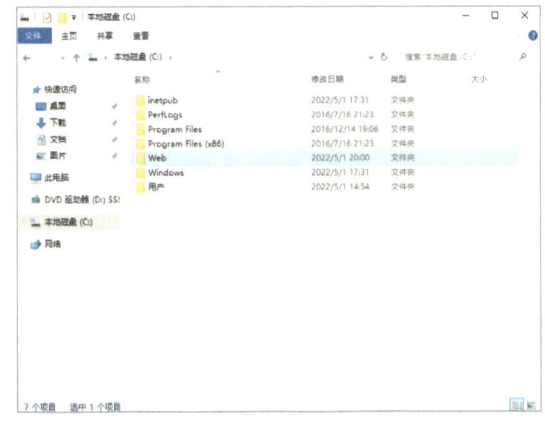
图 5-4-5　创建"Web"文件夹

步骤 2　在服务器管理器右上角的工具里打开"Internet Information Service（IIS）管理器"，选择"网站"→"添加网站"→"编辑网站"。

步骤 3　右击选择"网页"，添加网站并选择在 C 盘创建的文件夹，如图 5-4-6 所示。

步骤 4　将"Default Web Site"停止，然后启动 www.test.com 网站，如图 5-4-7 所示。

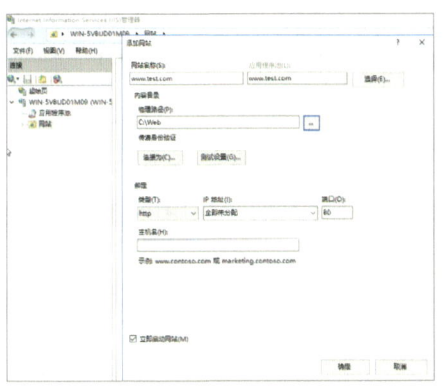
图 5-4-6　添加网站到文件夹

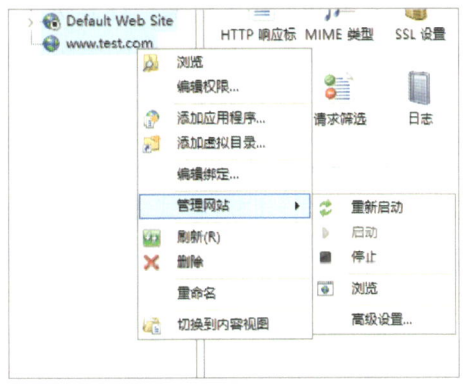
图 5-4-7　启动 www.test.com 网站

步骤 5　在 C 盘的"Web"文件夹里创建名为"index"的文档并编辑"欢迎来到我的网站！"，修改 index 文档的文件格式为".html"。

步骤 6　回到"IIS 管理器"，打开默认文档，把"index.html"上移到第一位。

步骤 7 回到"IIS 管理器"的 www.test.com 的主页,单击右边的"绑定添加网站域名",绑定 www.test.com 网站并删除原有的空网站,如图 5-4-8 所示。

活动 3 客户端测试。

进入 Windows 10 客户端,打开浏览器并输入域名"www.test.com"访问网站进行测试,访问成功,如图 5-4-9 所示。

图 5-4-8 绑定 www.test.com 网站

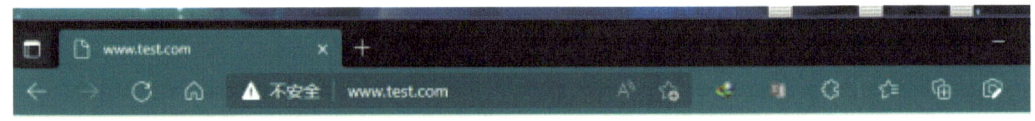

图 5-4-9 访问成功

知识储备

1. Web 服务器概述

Web 服务器的概念较为广泛,最常说的 Web 服务器指的是网站服务器,它是建立在 Internet 之上并且驻留在某种计算机上的程序。其主要作用是处理来自网络的请求,并向请求者发送网页、图片、视频等资源。Web 服务器的工作原理基于客户端—服务器模型,即当用户的浏览器(客户端)向 Web 服务器发出请求后,服务器会解析该请求,查找相应的资源,并通过 HTTP 将资源发送回客户端。Web 服务器不仅能提供静态内容,如 HTML 页面、CSS 样式表和 JavaScript 脚本,还能与后台应用协同工作,生成动态内容。例如,用户在网站上填写的信息表单会被发送到 Web 服务器。

2. Web 服务器工作原理

Web 服务采用客户机/服务器(C/S)工作模式,它以超文本标记语言(Hyper Text Markup Language,HTML)与超文本传输协议(Hyper Text Transfer Protocol,HTTP)为基础,为用户提供界面一致的信息浏览系统。Web 服务的工作原理一般可分为 4 个步骤:连接过程、请求过程、应答过程和关闭过程,Web 服务的交互过程,如图 5-4-10 所示。

1）连接过程就是浏览器和 Web 服务器之间建立 TCP 连接的过程。

2）请求过程就是浏览器向 Web 服务器发出资源查询请求。

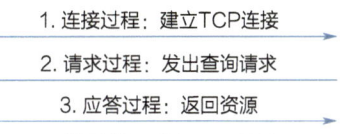

图 5-4-10　Web 服务交互过程

在浏览器中输入的 URL 表示资源在 Web 服务器中的具体位置。

3）应答过程就是 Web 服务器根据 URL 把相应的资源返回给浏览器，浏览器则以网页的形式把资源展示给用户。

4）关闭过程就是在应答过程完成以后，浏览器和 Web 服务器之间断开连接的过程。浏览器和 Web 服务器之间的一次交互也被称为一次"会话"。

3. 超文本传输协议

超文本传输协议（Hypertext Transfer Protocol，HTTP）是 Web 客户机与 Web 服务器之间的应用层传输协议，它可以传输普通文本、超文本、声音、图像以及其他在 Internet 上可以访问的任何信息。HTTP 是一种面向客户机/服务器协议，使用 TCP 来保证传输的可靠性。HTTP 为每个请求创建一个客户机与服务器间的 TCP 连接，进行独立处理，一旦处理结束，就会切断客户机与服务器间的 TCP 连接。如果客户机要获取下一个文件，则需要重新建立连接。这种方式简化了服务器的程序设计，所以与其他协议相比，HTTP 的通信速度要快得多。

4. Web 站点的重要参数

每个 Web 站点都有 3 个重要参数，即站点的 IP 地址、域名和端口号。3 个参数修改其中之一就可以区别不同 Web 站点，这样就能在一台 Web 服务器上创建多个 Web 站点。在同一物理 Web 服务器上创建多个 Web 网站，被称为虚拟 Web 主机。

5. IIS 10.0 简介

IIS（Internet Information Services，Internet 信息服务）是基于运行 Microsoft Windows 的互联网基本服务，它是一种 Web 服务组件，应用于在网络（包括互联网和局域网）上部署 Web 服务器、FTP 服务器、NNTP 服务器和 SMTP 服务器等，进行信息发布和传输服务，在 Windows Server 2016 的各个版本中使用的是 IIS 10.0。对比以往的版本，IIS 10.0 的特色表现在引入容错进程架构、健康状况监视、自动进程回收和快速故障保护等新技术，从而保护 Web 服务器和其他应用程序的安全运行，提高了系统可靠性，避免遭受拒绝服务攻击。

任务 5
配置 FTP 服务器

任务描述

随着数字化教学资源的日益丰富，师生们对于高效、安全的文件共享平台的需求日益增长。为了更好地管理和分享文件资料，学校决定部署一台 FTP 服务器，以确保学校内部人员能够高效、安全地访问和交换文件，实现资源共享。实训参数及环境见表 5-5-1。

表 5-5-1 实训参数及环境

虚拟机	角色	IP 地址	网络连接模式	防火墙
Windows Server 2016	FTP 服务器、DNS 服务器	192.168.100.100/24	桥接模式	关闭
Windows 10	Windows 客户端	192.168.100.10/24	桥接模式	关闭

任务分析

为了实现资源共享，首先需要在 Windows Server 2016 服务器安装并配置好 FTP 和 DNS 服务器，并进行域名解析。接着需要建立服务器共享的文件夹，并设置好匿名访问权限。最后通过 Windows 客户端访问服务器的共享文件夹，实现资源共享。

任务目标

- 能够正确安装 FTP 服务器。
- 能够配置本地模式的常规 FTP 服务器。
- 掌握客户端的测试方法。

任务布置

活动 1　安装 DNS 和 FTP 服务器。
活动 2　配置 FTP 服务器。
活动 3　客户端测试。

活动 1 安装 DNS 和 FTP 服务器。

步骤 1 配置 Windows Server 2016 和 Windows 10 的网络参数：IP、子网掩码、网关、DNS 地址，如图 5-5-1 和图 5-5-2 所示。

微课 21：安装与配置 FTP 服务器

图 5-5-1 服务器网络参数

图 5-5-2 客户端网络参数

步骤 2 安装 DNS 服务器和 FTP 服务器。

打开"服务器管理器"，单击"添加角色和服务"，确认是"基于角色或基于功能的安装"，单击"下一步"按钮，确认自己的 IP 地址，单击"下一步"按钮。勾选"FTP 服务器"和"DNS 服务器"，单击"下一步"按钮。在"选择功能"窗口中，可以根据工作需要选择相应的功能。保持默认设置，单击"下一步"按钮直至安装完成，如图 5-5-3 所示。

步骤 3 配置 DNS 服务器且让 Windows 10 解析

打开"服务器管理器"，在右上角的工具中打开 DNS。新建正向查找区域 test.com，全部保持默认设置并单击"下一步"按钮，再新建反向查找区域。在正向查找区域 test.com 下右击"新建主机"并勾选 PTR 记录，关闭 Windows Server 2016 的防火墙，打开 Windows 10 的命令提示符窗口，进行 nslookup 解析，如图 5-5-4 所示。

活动 2 配置 FTP 服务器。

步骤 1 打开 Windows Server 2016 的"文件资源管理器"，在 C 盘创建一个名为"FTP"的文件夹，在"FTP"文件夹中创建"test.txt"文档以供测试，如图 5-5-5 所示。

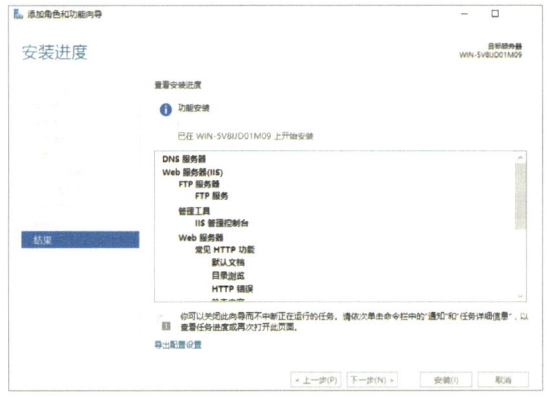

图 5-5-3　安装 DNS 服务器和 FTP 服务器　　　图 5-5-4　DNS 解析结果

图 5-5-5　创建 "test.txt" 文档

步骤2　在"服务器管理器"右上角的工具里打开"Internet Information Service（IIS）"管理器，展开"本机"，右击"添加 FTP 站点"，站点名称写入域名"ftp.test.com"，目录选择在 C 盘创建的 FTP 文件夹，单击"下一步"按钮，如图 5-5-6 所示。

图 5-5-6　添加 FTP 站点

活动3　客户端测试。

进入"Windows10 客户端"，打开"资源管理器"，在路径栏输入地址："ftp://192.168.100.100"，访问 Windows Server 2016 服务器的 FTP 共享文件"test.txt"，访问成功，

实现文件共享，如图 5-5-7 所示。

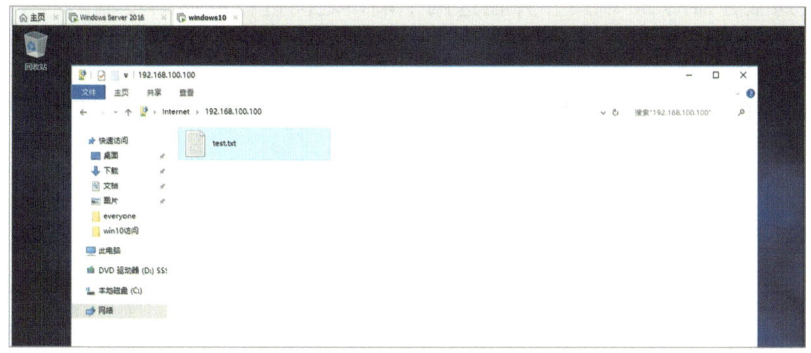

图 5-5-7　客户端访问共享文件夹

知识储备

1. FTP 概述

FTP 有两层意思：一是指文件传输服务，利用 FTP 服务提供的交互式命令访问方式，用来在远程主机与本地主机之间或两台远程主机之间传输文件；二是指文件传输协议（File Transfer Protocol），它是 TCP/IP 协议簇的重要应用协议之一，采用 CS 工作模式，用于控制文件在两台主机之间的双向传输。

动画 08：FTP 服务的工作原理

要完成文件传输则需要 FTP 服务器和 FTP 客户端的配合。FTP 可以提供跨平台的数据交互，例如，安装 Linux 和 Windows 操作系统的计算机之间的文件传输。

2. FTP 的工作原理

FTP 服务的具体工作过程如图 5-5-8 所示。

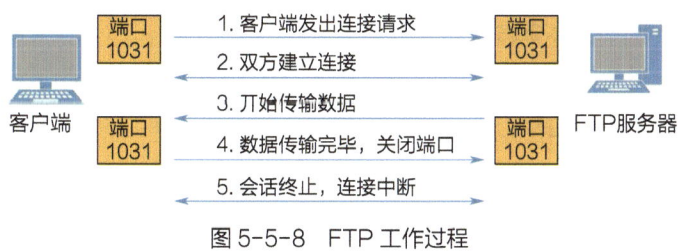

图 5-5-8　FTP 工作过程

1）客户端向服务器发出连接请求，同时客户端系统动态地打开一个大于 1024 的端口等候服务器连接（比如 1031 端口）。

2）若 FTP 服务器在端口 21 侦听到该请求，则会在客户端 1031 端口和服务器的 21 端口之间建立起一个 FTP 会话连接。

3）当需要传输数据时，FTP 客户端再动态地打开一个大于 1024 的端口（比如 1032 端口）连接到服务器的 20 端口，并在这两个端口之间进行数据的传输。

4）当数据传输完毕后，这两个端口会自动关闭。

5）当 FTP 客户端断开与 FTP 服务器的连接时，客户端上动态分配的端口将自动释放。

项目小结

本项目完成了网络服务的安装与配置，包括 Web 服务器、FTP 服务器、DHCP 服务器和 DNS 服务器。通过实际操作，掌握了服务的安装、基本配置和安全设置等关键技能。

实战强化

一、填空题

1. DHCP 工作过程包括_____、_____、_____、_____4 种报文。

2. HTTP 全称是_____，英文全称是_____。

3. Web 服务的工作原理一般可分为 4 个步骤：_____、_____、_____和_____。

4. DNS 正向解析是将_____转换成_____的过程。

5. FTP 全称是_____，它是 TCP/IP 协议簇的重要应用协议之一，采用_____工作模式。

二、单项选择题

1. DNS 顶级域名中表示商业组织的是（　　）。

   A. COM　　　　B. GOV　　　　C. MIL　　　　D. ORG

2. （　　）表示别名的资源记录。

   A. MX　　　　B. SOA　　　　C. CNAME　　　　D. PTR

3. DHCP 选项的设置中，不可以设置的是（　　）。

   A. DNS 服务器　　B. DNS 域名　　C. WINS 服务器　　D. 计算机名

4. 在 Windows Server 2016 系统中，如果要输入 DOS 命令，则在"运行"对话框中输入（　　）。

   A. CMD　　　　B. MMC　　　　C. AUTOEXE　　　　D. TTY

5. 从 Internet 上获得软件最常采用（　　）。

   A. www　　　　B. Telnet　　　　C. FTP　　　　D. DNS

收获与反思

1. 我的收获：
_____
_____

2. 我需要改进的地方：
_____
_____

拓展学习

什么是 Docker 容器

1. 容器引擎技术简介

容器引擎技术是一种轻量级的虚拟化技术，允许开发者和运维人员在隔离的环境中运行应用程序及其依赖项。容器提供了一种更加灵活和高效的替代传统虚拟机的方法，使得应用程序可以在不同环境中一致地运行，无论是在开发、测试还是生产环境中。容器与传统的虚拟机（VM）相比，具有更小的开销和更快的启动时间，因为它们共享宿主机的操作系统内核而不是每个容器都运行一个完整的操作系统。

以 Docker 为代表的容器引擎技术诞生于 2013 年，设计思想来源于集装箱，将软件的交付向集装箱运输一样标准化，同时各个"集装箱"中的软件独立运行，互不影响。2015 年由 Docker 主导的容器技术标准组织 OCI 成立，确立了业界公认的容器引擎技术的标准。以 K8s 为标准的容器编排技术 Kubernetes 诞生于 2014 年，是 Google 根据 15 年大规模集群管理经验积累结合 Docker 技术向业界开源的容器编排管理技术，推出后凭借其开放的开源生态，吸引了 Redhat、Vmvare、华为等业界顶级公司的参与，共同打造容器编排技术的事实标准。

2. 容器 Docker 的关键技术工作原理

Docker 应用了 3 个关键技术，实现轻量化的隔离技术：

- Namespace：实现容器运行环境的隔离，容器应用进程之间不可见。
- Cgroup：实现容器运行的资源隔离，避免容器间资源抢占和冲突。
- Union File System：一种分层、轻量级并且高性能的文件系统，它支持对文件系统的修改作为一次提交来叠加，是容器镜像的基础。

项目 6
认识网络安全

项目概述

在计算机网络迅猛发展的今天,网络已经深入融入日常学习、生活、工作和社交等各个方面。与此同时,网络安全威胁的复杂性和严重性也达到了前所未有的水平。从传统系统和应用程序的安全漏洞,到云计算、物联网、人工智能等新兴技术的安全挑战,安全问题层出不穷。通过本项目的学习,读者将掌握网络安全的基本概念,识别网络安全面临的威胁,并学习如何采取有效的网络安全防护措施,以个人之力有效抵御网络安全风险。

学习目标

知识目标:

掌握网络安全的概念、特征和属性

了解网络安全面临的威胁

掌握应对网络安全威胁的方法

了解网络安全的法律法规

了解网络安全等级保护制度

掌握常见的安全防护技术

能力目标:

能区分网络安全的特性

能说出常见的应对网络安全威胁的方法

能够运用常见的安全防护技术抵御网络安全风险

素质目标:

培养数字素养

培养网络安全意识

知识导图

项目6 认识网络安全
- 任务1 走近计算机网络安全
  1. 网络安全基础与网络安全面临的威胁
  2. 网络安全等级保护
- 任务2 认识网络安全的防护技术
  1. 网络安全体系
  2. 网络安全防护技术

任务 1
走近计算机网络安全

随着网络技术的迅猛发展,网络安全隐患也日益凸显。深入了解网络安全的内涵,把握网络安全面临的威胁,了解等级保护制度,对于提升网络安全防护意识至关重要。
任务描述

通过浏览分析世界信息安全威胁,了解安全威胁的主要来源。
任务分析

- 掌握网络安全的概念、特征和属性。
- 了解网络安全面临的威胁。
- 掌握应对网络安全威胁的方法。
- 了解网络安全的法律法规。
- 了解网络安全等级保护制度。

任务目标

活动 浏览世界信息安全威胁地图。
小组讨论 分析世界信息安全的威胁地图。
任务布置

活动 浏览世界信息安全威胁地图。
浏览两个实时的世界信息安全威胁的网站:
1)卡巴斯基网络实时威胁:https://cybermap.kaspersky.com/;
2)CHECK POINT 实时网络威胁:https://threatmap.checkpoint.com/。

小组讨论 分析世界信息安全的威胁地图,思考并回答以下问题。

任务实施

1）浏览世界各地遭受的网络安全威胁网站，有什么感想？

_____

_____

2）从实时地图可以发现，有些地区遭受的攻击多，有些攻击少，想一想为什么？

_____

_____

知识储备

1. 网络安全基础与网络安全面临的威胁

网络安全是指网络系统的硬件、软件及其中的数据受到保护，不因偶然的或者恶意的原因而遭到破坏、更改和泄露，系统连续可靠正常地运行，网络服务不中断。网络安全包括以下方面的内容：

物理安全：包括硬件、存储介质和外部环境的安全。

软件安全：网络软件以及各个主机、服务器、工作站等设备所运行的软件的安全。

信息安全：网络中所存储和传输的数据的安全。

运行安全：各个信息系统能够正常运行并能正常地通过网络交流信息。

（1）网络安全的主要特性

1）保密性：确保敏感数据不被未授权的个人、实体或过程获取和暴露。

2）完整性：确保数据不被未授权的劫持和篡改，即在存储和传输过程中确保数据的准确性和一致性。

3）可用性：确保授权用户在需要时能够访问和使用数据和资源。例如，网络环境下拒绝服务、缓冲区溢出、泛洪大量请求、破坏网络和系统正常运行等行为，都属于对可用性的攻击。

4）可控性：对信息的传播及内容具有控制能力。

5）不可否认性：确保参与者不能否认其行为，即发送方不能否认发送信息，接收方不能否认接收信息。

（2）计算机网络面临的安全威胁类型

1）自然灾害：地震、飓风、洪水和野火等自然灾害可能会损坏或摧毁数据安全运营中心、电线等关键基础设施，可能引起线路中断、设备破坏、数据丢失、限制安全团队的工作、利用混乱实施网络攻击、远程工作受限等。

2）系统漏洞和故障：漏洞是指计算机系统、网络系统和其他信息系统中的软件、硬件或通信协议中存在缺陷或不适当的配置，可使攻击者在未授权的情况下破坏系统的保密性、完整性、可用性、可控性等。常见漏洞有缓冲区溢出、SQL 注入、弱口令、远程命令执行、权限绕过漏洞等。常见的配置漏洞有端口开放、默认密码、权限配置、协议缺陷、访问控制不足等。

网络系统中的网络硬件的自身故障、软硬件设计缺陷或者软硬件运行环境改变等也可能导致网络受到安全威胁。

3）人为因素：网络安全威胁中的人为因素是由人的失误、疏忽或恶意行为导致的安全问题，是网络安全的最大威胁，可能来自犯罪团伙、黑客、恐怖分子、工业间谍或工作人员等。人为因素又分为恶意攻击和人为失误。

恶意攻击是指故意进行的，旨在破坏、篡改或非法访问网络系统的行为。恶意攻击包括恶意软件攻击、网络攻击和欺骗、高级和隐蔽攻击。恶意软件攻击，包括病毒、蠕虫、特洛伊木马和勒索软件，这些软件能够自我复制、感染文件、窃取信息、加密数据；网络攻击和欺骗，包括钓鱼攻击、中间人攻击、拒绝服务攻击（DoS/DDoS）、SQL注入、跨站脚本攻击和会话劫持，这些攻击通过伪造信息、截获数据、发送大量流量、注入恶意代码或接管会话来破坏网络安全；高级和隐蔽攻击，包括零日攻击、网络扫描和探测、社交工程和供应链攻击，这些攻击利用未知漏洞、心理操纵、扫描网络弱点或通过供应链环节进行隐蔽的攻击。

人为失误主要有以下三点：安全意识缺乏和操作失误，用户忘记更改默认密码或使用弱密码，无意中下载和打开恶意软件；内部和供应链安全威胁，包括员工或合作伙伴滥用权限、数据泄露、供应链中的恶意软件植入；技术和管理缺陷，包括物理安全措施的忽视、对网络安全威胁认识的不足、敏感数据处理不当、未经授权的访问、远程工作的安全风险、密码管理不当以及系统更新和打补丁不及时等。

（3）应对网络安全威胁

1）个人信息保护：个人应加强对个人信息保护的意识，掌握防范泄密、窃密的基本技能，了解常见的网络诈骗手段。例如，避免在不安全的网站上注册账号、不随意透露个人信息、使用复杂密码并定期更换，以及对电子邮件附件和链接保持警惕。

2）自主可控的核心技术：在应对网络安全威胁中，掌握自主可控的核心技术是关键，包括研发知识产权自主可控、能力自主可控、发展自主可控的核心技术；加强供应链安全管理；提高数据加密技术能力；建立安全漏洞和威胁情报共享机制；培养网络安全人才等。

3）健全网络安全的法律法规：我国已经制定了一系列网络安全相关的法律法规，包括《中华人民共和国网络安全法》《中华人民共和国数据安全法》《中华人民共和国个人信息保护法》等，这些法律为网络安全提供了基础性的法律保障，明确了网络安全管理的要求，界定了国家、企业、行业组织和个人等主体在网络安全保护方面的责任，并建立了网络安全监测预警、信息通报、应急处置等制度。

2. 网络安全等级保护

根据《信息安全等级保护管理办法》及相关标准，网络安全等级保护划分为 5 级，如图 6-1-1 所示，每个等级对应不同的安全保护要求和监管要求，确保信息系统的安全性和可靠性，维护国家、社会和公民的合法权益。

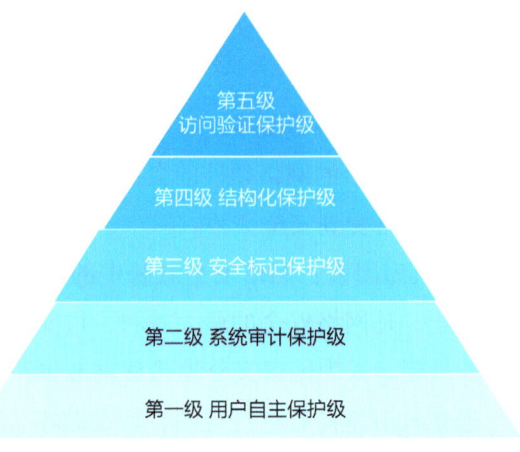

图 6-1-1 网络安全等级保护的分级

第一级 用户自主保护级，信息系统受到破坏后，会对公民、法人和其他组织的合法权益造成损害，但不损害国家安全、社会秩序和公共利益。信息系统运营、使用单位应当依据国家有关管理规范和技术标准进行保护，如安装防病毒软件、设置防火墙等。国家信息安全监管部门提供一般性的指导和建议。

第二级 系统审计保护级，信息系统受到破坏后，会对公民、法人和其他组织的合法权益产生严重损害，或者对社会秩序和公共利益造成损害，但不损害国家安全。在第一级的基础上，增加系统审计和安全审计措施，主要措施包括记录系统操作日志，定期进行审计分析，发现和处理安全事件。国家信息安全监管部门对该级信息系统安全等级保护工作进行指导。

第三级 安全标记保护级，信息系统受到破坏后，会对社会秩序和公共利益造成严重损害，或者对国家安全造成损害。在第二级的基础上，增加安全标记和访问控制措施，主要措施包括对信息和资源进行安全标记，确保不同安全级别的信息和资源得到适当的保护，实施细粒度的访问控制。国家信息安全监管部门对该级信息系统安全等级保护工作进行监督、检查。

第四级 结构化保护级，信息系统受到破坏后，会对社会秩序和公共利益造成特别严重损害，或者对国家安全造成严重损害。在第三级的基础上，增加结构化的安全保护措施，主要措施包括构建结构化的安全保护体系，实施全面的安全管理和技术措施，如安全培训、应急响应等。国家信息安全监管部门对该级信息系统安全等级保护工作进行强制监督、检查。

第五级 访问验证保护级，信息系统受到破坏后，会对国家安全造成特别严重损害。在第四级的基础上，增加访问验证和高安全性措施，包括实施严格的访问验证机制，采用最先进的安全技术和管理措施，确保系统的最高安全水平。国家信息安全监管部门对该级信息系统安全等级保护工作进行专门监督、检查。

任务 2
认识网络安全的防护技术

任务描述

学习网络安全防护技术，对个人而言，能够有效守护个人信息安全，显著提升职业竞争力，同时增强自我保护意识；对企业来说，可确保企业数据的安全性，保障规范运营；从社会层面看，有助于维护整体稳定。

任务分析

通过安装和使用个人防火墙，了解防火墙的工作过程。

任务目标

- 掌握常见的安全防护技术。

任务布置

活动 1　安装瑞星个人防火墙。
活动 2　在个人防火墙中设置规则，阻止 ping 命令。
活动 3　在个人防火墙中设置每天 19：00～21：00 限制计算机只能使用浏览器查阅资料。

任务实施

活动 1　安装瑞星个人防火墙。
步骤 1　安装防火墙之前，ping 通两台主机（本机 IP 为 192.168.1.100，安装防火墙的目标主机 IP 为 192.168.1.200），保证两台主机的通信，如图 6-2-1 所示。

图 6-2-1 ping 通两台主机

步骤 2 双击瑞星个人防火墙安装包，进入安装界面，选择语言版本，接受协议，如图 6-2-2 所示。

阅读"最终用户许可协议"并接受协议，默认安装即可，在"安装信息"窗口中显示安装的进度，如图 6-2-3 所示。

图 6-2-2 进入安装界面

图 6-2-3 开始安装

步骤 3 安装结束后，单击"完成"按钮，并启动瑞星个人防火墙，进入瑞星防火墙工作界面，如图 6-2-4 所示。

图 6-2-4 完成防火墙的安装并进入工作界面

活动 2 在个人防火墙中设置规则，阻止 ping 命令。

ping 命令用于测试网络连接量的程序，它发送一个 ICMP 响应请求消息给目的地，并报告是否收到所希望的 ICMP 应答，校验与远程或本地计算机的连接。在防火墙中设置规则阻止 ping 命令，测试的 IP 地址填入表 6-2-1 中。

表 6-2-1 测试的 IP 地址

本机 IP 地址	
ping 的目标 IP 地址	

步骤 1　打开防火墙工作界面，选择"防火墙规则"，打开"IP 规则"选项卡，在"禁止 ping 入"处打勾，状态选择"阻止"，如图 6-2-5 所示。

图 6-2-5　设置防火墙规则

步骤 2　测试 ping 命令，显示"请求超时"，如图 6-2-6 所示。

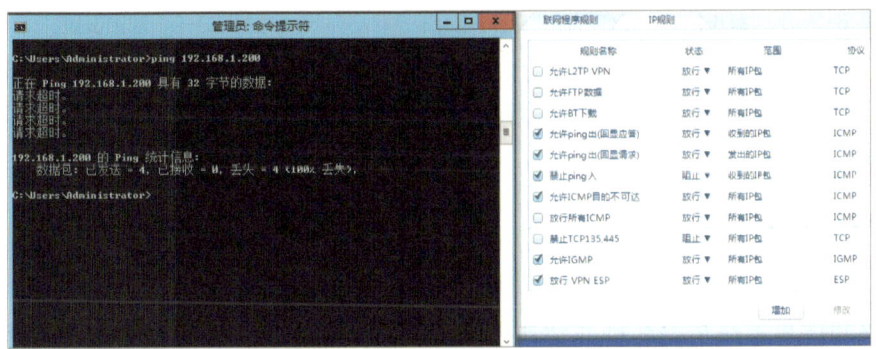

图 6-2-6　测试 ping 命令

步骤 3　若想再允许 ping 的通过，则将"禁止 ping 入"的"状态"改为"放行"即可，如图 6-2-7 所示。

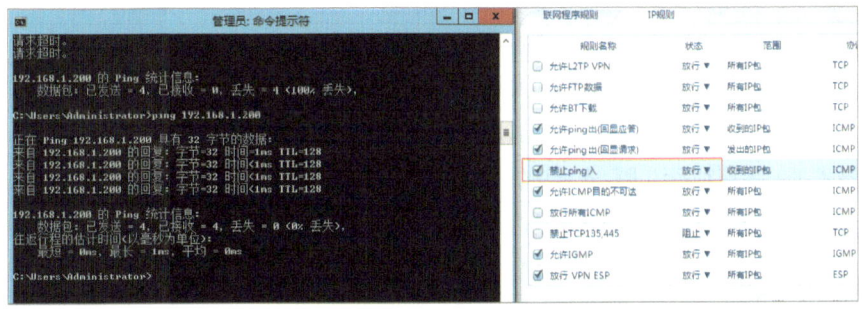

图 6-2-7　修改规则并再次测试

活动 3　在个人防火墙中设置每天 19：00～21：00 限制计算机只能使用浏览器查阅资料。

步骤 1　打开防火墙工作界面，选择"家长控制"，打开如图 6-2-8 所示的界面。

步骤 2　开启家长控制功能，即可设置网络访问策略。添加"策略名称"为"查阅资料时间"，"生效时段"设置为周一至周五，19：00～21：00，"上网策略"勾选列表中所有选项，如图 6-2-9 所示。注意，在"防火墙规则"的"联网程序规则"中放行浏览器，设置完成。

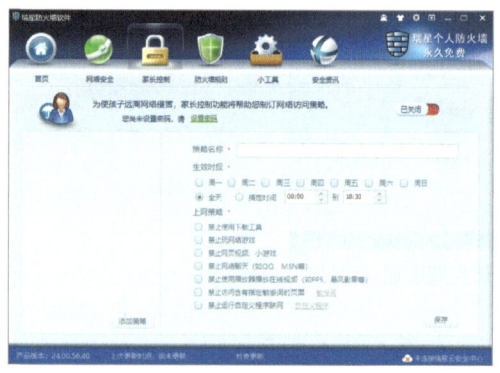
图 6-2-8　"家长控制"工作界面

图 6-2-9　规则设置

知识储备

1. 网络安全体系

网络安全体系是一个多层次、多维度的防护体系，它涉及各种技术和管理措施，以保护网络和信息系统免受各种威胁和攻击。网络安全体系主要包括表 6-2-2 所示的技术，这些技术共同构成了一个全面的网络安全体系。

表 6-2-2　网络安全技术

网络安全技术	描述
防病毒技术	使用防病毒软件来检测、预防和清除计算机病毒和其他恶意软件
防火墙技术	通过设置防火墙规则来控制进出网络的流量，防止未授权访问
VPN 技术	虚拟私人网络（VPN）允许远程用户通过加密的通道安全地连接到企业网络
入侵检测技术	监控网络或系统活动，以识别和响应恶意活动或违反策略的行为
安全评估技术	定期对系统进行安全评估，以识别潜在的安全漏洞和风险
审计分析技术	对系统日志和网络活动进行审计，以发现异常行为或安全事件
主机安全技术	保护服务器和工作站免受恶意软件、未授权访问和其他威胁
身份认证技术	确保只有授权用户才能访问系统资源，通过用户名和密码、双因素认证等方法实现

(续)

网络安全技术	描述
访问控制技术	定义和实施访问权限,确保用户只能访问他们被授权的资源
数据加密技术	使用加密算法来保护数据的机密性,确保只有授权用户才能解密和访问数据
备份与恢复技术	定期备份数据,并确保在发生灾难或其他数据丢失事件时能够恢复数据

2. 网络安全防护技术

(1)身份验证技术

1)静态密码验证。静态密码验证是一种基础身份认证的方式,因其简单易用而被广泛采用。但同时也存在一定的安全风险,如易被猜测、窃取或遭受字典攻击、暴力破解等。为了提高安全性,用户应选择强密码,并定期更改,同时避免在多个服务上使用相同的密码,也应采取额外的安全措施,如加密技术、二次验证等,来提高账户的安全性。

2)动态口令验证。动态口令验证是一种安全的身份认证技术,它通过生成一次性的、不可预测的随机数字组合来提高安全性。这种技术已被广泛应用于网银、网游、电信运营、电子商务等多个领域。动态口令的生成依赖于专门的算法,每个密码只能使用一次,从而有效抵抗静态口令认证技术所面临的安全威胁和攻击。

动态口令的典型应用包括:

身份认证:用户在登录认证时,使用用户名+动态口令,提高安全性。

二次认证:在用户已经登录后,进行敏感操作时,要求输入动态口令进行二次认证,对敏感数据进行二次保护。

双因素认证:在传统的用户名+密码方式之上,加入动态口令,进行用户名+密码+动态口令的双因素认证,即使用户名、密码被泄露,用户的身份也不容易被仿冒。

3)基于信任物的身份验证。基于信任物的身份验证依赖于用户所拥有的物理设备或物品,如智能手机、安全令牌、智能卡、数字证、USBKey,生物识别技术(指纹、人脸、虹膜)等。

4)双因子验证。双因子验证(Two-Factor Authentication,2FA)要求用户提供两种不同的认证因素来证明自己的身份,从而提供更高级别的安全保障。双因子验证的优点包括提高账户安全性、减少密码重用率、提高用户体验。双因子验证的常见组合包括以下几种:

密码+短信验证码:用户需要输入密码并收到短信验证码,输入正确的验证码才能登录或进行敏感操作。

密码+硬件令牌：用户需要输入密码并使用硬件令牌生成的动态密码才能登录或进行敏感操作。

密码+生物特征识别：用户需要输入密码并进行生物特征识别，如指纹、面部识别等，才能登录或进行敏感操作。

（2）数据加密技术

数据加密是通过加密算法和加密密钥将明文转换为密文，这是对信息进行保护的一种可靠的办法，加密对象可以是文字、图像、语音、数据等。解密则是通过解密算法和解密密钥将密文恢复为明文。我国将密码分为核心密码、普通密码和商用密码。

数据加密技术是保护数据安全的核心手段，其主要类型有哈希算法、对称加密算法、非对称加密算法、数字签名技术等，这些加密技术为数据的保密性、完整性和可用性提供了有力的保障。

1）哈希算法。哈希算法包括 Base64、MD 和 SHA 等。Base64 是一种编码算法，用于将二进制数据转换为文本数据，便于传输。MD 和 SHA 是常见的哈希算法，用于数据完整性验证和密码存储，它们将数据转换成一个固定长度的唯一值，这个过程是单向的，无法从哈希值反推原始数据。

2）对称加密算法。对称加密使用同一个密钥进行加密和解密，适合大量数据的加密，如 DES、3DES、AES 和 IDEA 等，如图 6-2-10a 所示。AES 是目前最常用的对称加密算法之一，提供不同长度的密钥选择，具有高度的安全性和效率。

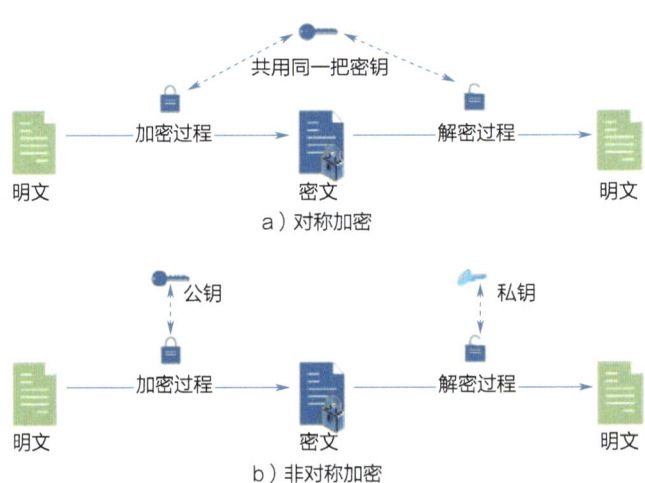

图 6-2-10　对称加密和非对称加密

3）非对称加密算法。非对称加密使用一对密钥：公钥和私钥。公钥用于加密信息，私钥用于解密，解决了密钥分发问题，但速度相对较慢，如图 6-2-10b 所示。非对称加密算法包括 RSA 和 EIGamal 等。

4）数字签名技术。数字签名技术用于验证数据完整性和发送方身份，通过对数据进行哈希运算，并使用私钥加密，生成数字签名，确保数据的安全性，如 DSA 和 ECDSA。

数据加密技术广泛应用于电子商务、网络数据库、局域网、电子邮件、电子货币、认证服务器、制造业、信息技术和网络安全、能源行业以及政府机构等多个领域。量化计算、量子计算、多方加密、自适应加密和隐私保护成为未来数据加密技术的发展趋势。数据加密技术需要关注数据隐私保护，研究如何在保护数据安全的同时保护用户隐私。

（3）防火墙技术

防火墙是设置在内部网络与外部网络、信任区域和不信任区域之间，用于隔离、限制网络互相访问来保护内部网络或安全区域的系统设施。它是不同网络或网络安全域之间信息的唯一出入口，通过监测、限制、更改跨越防火墙的数据流，尽可能地对外部屏蔽网络内部的信息、结构和运行状况，有选择地接受外部访问。对内部强化设备监管、控制，对服务器与外部网络的访问、在被保护网络和外部网络之间架起一道屏障，以防止发生不可预测的、潜在的破坏性侵入，如图 6-2-11 所示。

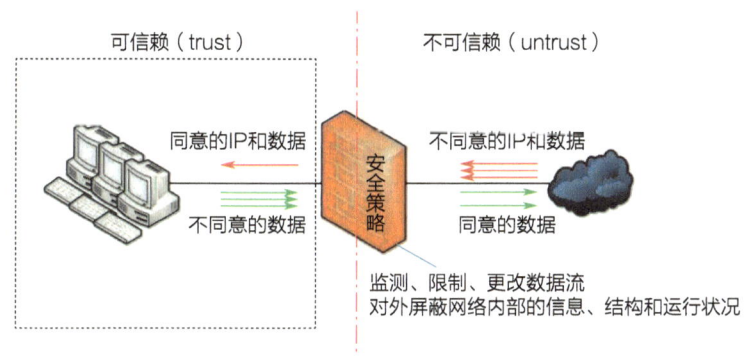

图 6-2-11　防火墙的工作示意图

防火墙一般包括以下 4 种基本功能：

1）过滤：过滤进、出网络的数据，管理、限制进、出网络的访问行为。

2）访问控制：控制对特殊站点的访问，防止入侵者对其他未授权系统的访问。

3）监控：记录内部与外部网络通信的状态信息，监控网络安全限制内部用户访问特殊站点。

4）VPN：提供 NAT，可实现虚拟专用网技术（VPN）。

防火墙既要限制数据的流通，又要维持数据流通，其原则为一切未被允许的都是禁止的，一切未被禁止的都是允许的。

防火墙可根据实现方式、网络模型和防火墙技术分类。

1）防火墙根据其实现方式可分为硬件防火墙和软件防火墙。硬件防火墙像路由器、交换机一样是一个物理设备，专门为防火墙功能设计的，部署相对固定。软件防火墙是一种软件，可以在不同的计算机或虚拟机上安装和配置，不需要提供新的硬件，成本较低，主要用于个人用户和小型企业，更新和维护简单，依赖于操作系统的稳定性，会占用主机资源。

2）防火墙按OSI七层网络模型可分为网络层防火墙和应用层防火墙。网络层防火墙对数据包进行选择，选择的依据是系统内设置的过滤逻辑，被称为访问控制列表ACL，通过检查数据流中数据的源地址、目的地址、所用端口号和协议状态等因素，或它们的组合来确定是否允许该数据包通过。应用层防火墙将所有跨越防火墙的网络通信链路分为两段，内外网用户的访问都是通过代理服务器上的"链接"来实现。

3）防火墙按防火墙技术可分为包过滤型防火墙、应用层代理网关防火墙、状态特征检测防火墙。包过滤型防火墙基于网络层和传输层，通过分析经过防火墙的每个IP数据包的源地址、目标地址、协议类型以及端口号等信息，与事先设定好的安全策略进行匹配，决定这些数据包是被允许通过，还是被拒绝或丢弃。应用层代理网关防火墙在应用层运行，具有深度包检测（DPI）功能，可以检查传入流量的有效负载和标头。代理服务器作为内部和外部系统之间的中介，对客户端请求进行屏蔽，保护网络。状态特征检测防火墙在包过滤防火墙基础上发展而来，除了具有包过滤防火墙的基础功能外，它还能够跟踪和分析数据流的状态信息，如会话过程中的数据包顺序、连接状态等。

（4）防病毒技术

在《中华人民共和国计算机信息系统安全保护条例》中，计算机病毒被定义为：编制或者在计算机程序中插入的破坏计算机功能或者毁坏数据、影响计算机使用，并能够自我复制的一组计算机指令或者程序代码。

1）计算机病毒的危害。数据安全与性能影响：计算机病毒可能导致数据丢失、系统性能下降，以及系统崩溃，影响计算机的正常运行和数据的完整性。

隐私与财务风险：病毒攻击可能引起个人隐私泄露、财务损失，以及对企业的声誉和客户信任造成损害。

法律与社会影响：病毒可能引发法律风险，导致违法行为和法律诉讼，同时对关键基础设施和社会秩序造成破坏。

网络与国家安全威胁：计算机病毒可能被用于网络攻击，包括僵尸网络和DDoS攻击，以及在国家层面上的信息战，威胁网络安全和国家安全。

2）计算机病毒的传播。计算机病毒的传播途径可以归纳为以下4点：

网络传播：计算机病毒通过电子邮件、即时通信、文件共享、远程控制等网络连接方式传播。它们将自己附加到网络数据包或文件中，从而感染其他计算机。

媒介传播：病毒利用可移动存储设备（如 U 盘、光盘、移动硬盘等）进行传播。病毒复制到这些设备中，当这些设备插入计算机时，就会感染目标计算机。

系统漏洞传播：计算机病毒利用操作系统或应用程序的漏洞，如缓冲区溢出、格式化字符串、SQL 注入等，执行恶意代码，从而感染其他程序或文件。

人为传播：计算机病毒通过用户的操作进行传播，如下载、安装、运行等，将自己隐藏在看似正常的程序或文件中，从而感染其他程序或文件。

3）计算机病毒的特点。计算机病毒的基本特征有传染性、潜伏性、触发性和破坏性，另外，它还有隐蔽性、针对性、衍生性和不可预见性等特点。

传染性，病毒能够自我复制，并将自身或其变种传播到其他计算机系统或网络中。在特定条件下，病毒通过各种途径从一个文件或计算机扩散至未受感染的文件或计算机。轻微情况下可能导致被感染计算机的数据损坏或功能异常，严重时可能使整个计算机系统陷入瘫痪。

潜伏性，病毒在侵入系统后不会立即激活，而是静待某个触发事件，比如特定的日期或系统执行的某个特定操作。精心设计的病毒可以在数周甚至数月内悄无声息地传播和复制，而不引起注意。在潜伏期间，病毒还会通过系统备份设备传播，复制到程序或数据副本中，并传播到系统的其他部分。

触发性，是计算机病毒通常设有特定的触发条件，这些条件用于控制病毒的激活时机。根据病毒制造者的设计，这些触发条件可能包括特定的日期、时间、特定程序的执行，或者程序执行的次数等。

破坏性，计算机病毒的破坏性极强，主要体现在以下四个方面：一是严重威胁数据安全，导致文件损坏、数据丢失以及敏感信息泄露；二是破坏系统功能，引发系统崩溃、关键功能失效或无法正常启动；三是通过网络进行攻击与传播，自动传播会消耗大量带宽，甚至导致网络瘫痪；四是造成间接经济损失，不仅增加了数据恢复和系统修复的成本，还可能因业务中断或数据泄露而严重损害企业的信誉。

隐蔽性，病毒通常被精心设计以避免引起用户注意，它们悄无声息地隐藏在程序、文件、磁盘或整个系统中。大多数情况下，用户在系统被感染后难以察觉病毒的存在，往往只有在病毒触发并导致系统出现异常行为时，用户才意识到病毒的入侵。

针对性，是指根据特定的目的或目标来设计病毒，如针对特定的计算机、特定的操作系统、特定的软件、特定的行业或组织、特定的用户群体等。

衍生性，是指病毒能够通过变异或演变产生新的变种，从而适应环境、逃避检测或增强其破坏力。

不可预见性，由于病毒的变种、制作病毒技术的进步、病毒行为的不确定性等原因，使得计算机病毒不可预见，防御和治理更加复杂。

典型的病毒有邮件附件病毒（如梅丽莎病毒、ILY 病毒等）、破坏硬件或系统文件的病毒（如 CIH、NotPetya 病毒等）、网络服务和漏洞传播的病毒（如红色代码、SQL Slammer、震网病毒等）、勒索软件（如 WannaCry 勒索病毒）、通过感染可执行文件和局域网传输的病毒（如熊猫烧香）、网络蠕虫、特洛伊木马。

4）防病毒技术。

紧急断网与关闭服务器：立即通知所有用户断开网络连接，并关闭文件服务器以遏制病毒传播。

安全启动与病毒清除：使用带有写保护的干净系统盘启动系统管理员工作站，迅速清除本地病毒。

启动文件服务器与访问控制：使用干净的系统盘启动文件服务器，系统管理员登录后立即禁止其他用户登录，以保护服务器安全。

数据备份与保护：备份文件服务器硬盘上的重要资料，严禁执行硬盘程序或复制文件，以防破坏病毒影响下的数据结构。

病毒扫描与文件恢复：使用杀毒软件全面扫描服务器文件，恢复或删除受病毒感染的文件，并重新安装被删除的文件。

清除软盘与备份文件病毒：使用杀毒软件扫描并清除所有可能感染病毒的软盘和备份文件。

工作站病毒清除：对所有网络工作站的硬盘进行病毒扫描，并清除病毒。

网络重启：在确认病毒已被彻底清除后，重新启动网络和工作站，恢复正常运作。

（5）备份与恢复技术

备份与恢复技术是信息安全领域中非常重要的一部分，它们用于保护数据不受丢失或损坏的影响，并确保在发生数据丢失时能够迅速恢复。以下是常见的数据备份技术：

完全备份：备份整个数据库或系统的所有数据。

差量备份：进行一次完全备份后，每次只备份与上次备份发生变化的数据。

增量备份：进行一次完全备份后，每次只对新的或被修改过的数据进行备份。

3 种备份技术如图 6-2-12 所示。

常见的数据恢复技术主要分为软件层面和硬件层面的恢复技术。软件层面的数据恢复技术有文件系统恢复、分区恢复、误删除恢复、病毒攻击恢复、数据库恢复等。硬件层面的数据恢复技术有硬盘物理损坏恢复、电路板损坏恢复、数据擦除恢复、固态硬盘数据恢复等。其他恢复技术还有云存储的数据恢复、移动设备数据恢复等。

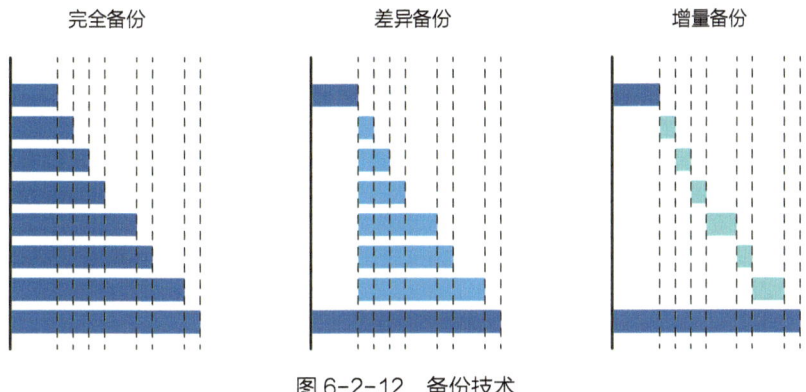

图 6-2-12　备份技术

项目小结

通过本项目的学习，了解了网络安全的概念、受到的威胁和等级保护制作，了解了常用的网络安全防护技术。

实战强化

单项选择题

1. 计算机病毒主要通过（　　）的方式传播。
   A. 电子邮件附件　　　　　　　　B. 网络下载
   C. 可移动存储设备　　　　　　　D. 以上都是

2. 以下行为最有可能导致计算机感染病毒的是（　　）。
   A. 定期更新操作系统和应用程序　　B. 从不知名的网站下载软件
   C. 使用正版软件　　　　　　　　D. 安装并更新防病毒软件

3. 计算机病毒（　　）。
   A. 是生产计算机硬件时不注意产生的　　B. 都是人为制造的
   C. 都必须清除计算机才能使用　　　　　D. 有可能是人为无意制造的

4. 计算机病毒（　　）。
   A. 破坏都是巨大的　　　　　　　B. 都具有可知性
   C. 只破坏计算机软件　　　　　　D. 是可预防的

5. 以下不属于常用身份验证方式的是（　　）。

A. 密码验证　　　　　　　　　　　B. 智能卡、门禁卡等信任物验证

C. 姓名验证　　　　　　　　　　　D. 生物特征验证

6. 以下产生的密码中最难记忆的是（　　）。

　A. 将用户的生日倒转或是重排　　B. 将用户配偶的名字倒转或是重排

　C. 将用户的年薪倒转或是重排　　D. 用户随机给出的字母

7. 不是常见的网络安全威胁的是（　　）。

　A. 网络病毒　　　　　　　　　　B. 计算机网络系统的漏洞与缺陷

　C. 强制关闭计算机　　　　　　　D. 黑客的恶意攻击

8. 不是防火墙提供的安全功能的是（　　）。

　A. NAT　　　　　　　　　　　　 B. IP 地址欺骗防护

　C. 访问控制　　　　　　　　　　D. SQL 注入攻击防护

收获与反思

1. 我的收获：

_____

_____

2. 我需要改进的地方：

_____

_____

拓展学习

5G 技术的到来

5G，即第五代移动通信技术，它是移动通信领域的一次革命性飞跃，预示着一个极速网络和大数据传输的全新时代。5G 是具有高速率、低时延和大连接特点的新一代宽带移动通信技术，5G 通信设施是实现人机物互联的网络基础设施，为用户提供光纤般的接入速率，"零"时延使用体验，千亿设备的连接能力、超高流量密度、超高连接数密度和超高移动性等多场景的一致服务，实现"信息随心至，万物触手及"的愿景。

5G 标准化的组织主要是国际电信联盟（ITU）和第三代合作伙伴计划（3GPP），二者共同推进 5G。ITU 在 5G 技术的发展中起到了关键的推动和协调作用，在标准化进程中主要贡献有定义 5G 愿景和技术趋势、频谱划分、技术评估和标准化。3GPP 是全球移动通信行业的主要国际标准化组织，负责制定全球移动通信的技术标准，它明确了 5G 将

包含两个版本，2018 年 6 月完成 Release 15（R15），2019 年 9 月完成 Release 16（R16）。

1. 5G 关键技术

毫米波通信：毫米波频段在 30～300GHz，有较窄的波束，具有很强的抗干扰能力。由于大气对毫米波的吸收，它对相邻基站间的干扰较小，在频谱资源紧缺的情况下，采用毫米波通信能够有效地提升通信容量。

网络切片：通过网络切片技术，运营商能够创建多个虚拟逻辑网络，每个网络切片可根据特定的服务需求进行优化和定制，可以满足不同行业和用户的具体需求。

FBMC 技术：即过滤多载波，它是一种先进的调频和频谱成像技术，它在传统的多载波通信技术（如 OFDM）的基础上进行了改进，它在子载波之间使用滤波器来减少子载波间的干扰（ICI），并且可以更高效地利用频谱资源。

大规模 MIMO：大规模 MIMO 是一种无线通信技术，它使用多个发射和接收天线来提高数据传输速率和信道容量。它的核心在于提高频谱利用率、增加数据传输速率、提升网络容量和覆盖范围、实现空间复用及增强抗干扰性能。

D2D 技术：D2D（Device-to-Device）技术允许终端设备在没有基站接入的情况下直接进行通信，从而提高网络的频谱效率和系统容量，这种通信方式可以减轻基站的负担。

同时同频全双工：同时同频全双工（Full-Duplex，FD）通信是一种先进的无线通信技术，它允许通信设备在同一时间和同一频率上进行发送和接收信号。与传统的半双工（Half-Duplex）通信相比，全双工技术具有提高频谱利用率、增加网络容量、降低延迟、提升用户体验、支持双向通信等显著的优势。

2. 5G 应用场景和典型应用

移动增强宽带（eMBB）：超高清视频、云游戏、增强现实 AR、虚拟现实 VR、裸眼 3D。

低时延高可靠（URLLC）：工业控制、车联网、智能电网。

低功耗大连接（mMTC）：智能抄表、智能医疗、环境监测、智慧家庭。

参考文献

[1] 张建文,刘向锋.计算机网络技术基础[M].3版.北京:高等教育出版社,2024.

[2] RICK G,ALLAN J.思科网络技术学院教程:网络简介[M].思科系统公司,译.7版.北京:人民邮电出版社,2022.

[3] BOB V,ALLAN J.思科网络技术学院教程:交换+路由+无线基础[M].思科系统公司,译.7版.北京:人民邮电出版社,2022.

[4] BOB V,ALLAN J.思科网络技术学院教程:企业网络+安全+自动化[M].思科系统公司,译.7版.北京:人民邮电出版社,2022.